SUSANNE HOLTKOTTE

715 EURO

SUSANNE HOLTKOTTE

715 EURO

Wenn die Rente nicht zum Leben reicht. Eine Reinigungskraft klagt an

riva

Bibliografische Information der Deutschen Nationalbibliothek
Die Deutsche Nationalbibliothek verzeichnet diese Publikation in der Deutschen Nationalbibliografie. Detaillierte bibliografische Daten sind im Internet über http://d-nb.de abrufbar.

Für Fragen und Anregungen
info@rivaverlag.de

Originalausgabe
1. Auflage 2019
© 2019 by riva Verlag, ein Imprint der Münchner Verlagsgruppe GmbH
Nymphenburger Straße 86
D-80636 München
Tel.: 089 651285-0
Fax: 089 652096

Redaktion: Dr. Annalisa Viviani
Umschlaggestaltung: Maria Wittek, München
Umschlagabbildung: © Burak Cayci
Satz: Daniel Förster, Belgern
Druck: CPI books GmbH, Leck
Printed in Germany

ISBN Print 978-3-7423-1112-2
ISBN E-Book (PDF) 978-3-7453-0753-5
ISBN E-Book (EPUB, Mobi) 978-3-7453-0754-2

Weitere Informationen zum Thema finden Sie unter

www.rivaverlag.de

Beachten Sie auch unsere weiteren Verlage unter www.m-vg.de

Inhalt

Für Papa
Viel Spaß beim Lesen!

Für Mama
Du bist in meinen Träumen und ich in deinen.

Auftakt

Augen auf! Warum Ungleichheit ein Problem für alle ist

Stellen Sie sich vor, Sie sind alt oder, netter formuliert, einfach länger jung. Was würden Sie tun? Im Garten die schönsten Dahlien züchten, Lachyoga in Indien ausüben, mit den Enkeln rangeln oder einfach nur in der Hängematte liegen? Oder Flaschen sammeln? Womit keine schräge Sammelleidenschaft gemeint ist, sondern das Einsammeln von Pfandflaschen, die das Überleben sichern sollen. Kein schöner Ausblick. Aber dieser Ausblick ist ein tagtäglicher Anblick. In Bochum, wo ich lebe, sehe ich schick angezogene Menschen, die mein Vater oder meine Mutter sein könnten und verstohlen auf der Straße in Abfalleimer und Container schauen. Ich höre von Großmüttern, die Ladendiebstahl begehen, damit sie ihren Enkeln eine Tafel Schokolade zum Geburtstag schenken können. Das sind Menschen, die um die 80 Jahre alt, im Krieg aufgewachsen sind und schon in ihrer Kindheit nichts hatten. Viele von ihnen gingen mit zwölf Jahren von der Schule ab, um zu arbeiten. Wie mein Großvater, der im »Pütt«, im Bergwerk, gearbeitet hat. Die haben nicht nur gearbeitet, die haben malocht. Nach, sagen wir einmal, 55 Jahren Arbeit, Leistung für dieses Land, ist das das Dankeschön? Da krampft sich mein Herz zusammen, das macht mich maßlos wütend. Armes Deutschland, im doppelten Sinne.

Das sind doch Ausnahmen, sagen manche. Und anstelle von Gefühlen nennen sie Zahlen. Im Fernsehen hörte ich sagen: »Nur« 3 Prozent aller Rentner könnten als arm bezeichnet werden. Das sei nicht weiter relevant. Bundeskanzlerin Angela Merkel sagte im Wahlkampf 2017, sie sehe vor dem Jahr 2030 keinen Handlungsbedarf, denn die Rente sei bis dahin stabil.

»Da krich ich de Pimpernellen«, und da kann ich meinen Ruhrpott-Slang auch nicht länger unterdrücken. Das hört sich für mich an wie die längst widerlegte Aussage des ehemaligen Arbeitsministers Norbert Blüm: »Die Rente ist sicher.« Man muss doch nur die Augen aufmachen! Dann sieht man den Handlungsbedarf und sieht, dass es mehr als 3 Prozent sind. Und selbst wenn nicht: 3 Prozent sind 3 Prozent zu viel. Diese 3 Prozent sind natürlich relevant, jeder Mensch ist relevant. 3 Prozent sind 500 000 relevante Menschen und eine halbe Million Gründe, um etwas zu tun. Wenn manche nur Statistiken heranziehen wollen, auch in Ordnung, aber sie sollten hinter die Fassade schauen. Es heißt, 3 Prozent aller Rentner bekommen die Grundsicherung, sozusagen Hartz IV für Alte. Das bedeutet, das sind diejenigen, die beschlossen haben, sich helfen zu lassen. Was ist mit den Rentnern, die zu stolz sind? Die sagen, dass sie ihr Leben lang gearbeitet haben und jetzt keine Hilfe vom Staat wollen. Die lieber mit 400 Euro im Monat klarkommen und dafür von 30 Tagen im Monat zehn Tage Nudeln, zehn Tage

Kartoffeln und zehn Tage Suppe essen. Sie sind nicht in der Studie vertreten, die ARD geht somit von einer weitaus höheren Dunkelziffer aus. Sie fand in einer Umfrage heraus, dass rund 15 Prozent von Altersarmut betroffen sein könnten. Und es sollen mehr werden.

An die Leser, denen beim Thema Rente schon die Augen zugefallen sind: Augen auf! Es betrifft nicht nur die heutigen Rentner. Wir alle werden alt. Und wir haben ein Problem. Die Zahl der Rentner, die Grundsicherung erhalten, hat sich seit 2003 verdoppelt.[1] Es gibt zahlreiche Prognosen, dass das nicht besser werden soll. Denn wir haben nicht nur ein Problem. Wir haben viele Probleme: Wir werden immer älter und wahrscheinlich auch immer ärmer. Kann ein Rentensystem, in dem die Arbeitnehmer für die Rentner zahlen, funktionieren, wenn es immer mehr Senioren gibt? Früher kamen auf einen Rentner vier Beitragszahler, heutzutage sind es zwei, bis 2030 soll es nur noch einer sein.[2] Dies wird in Kapitel zwei näher beleuchtet, doch das zeigt nur, dass wir nicht bis 2030 warten sollten, um etwas zu ändern. Schon jetzt meldete das Bundesarbeitsministerium: Fast jeder zweite Rentner bekommt unter 800 Euro im Monat.[3]

Ich werde eine von ihnen sein. In etwa 20 Jahren gehe ich in Rente, und mir wurde ausgerechnet, dass ich etwa 715 Euro im Monat bekommen werde. Genauer gesagt: 715 Euro und 9 Cent. Das wird es nicht rausreißen. Wenn diese 715 Euro jetzt kaum reichen, um die Miete, Nebenkosten und Lebensmittel zu bezahlen, wie soll es dann später sein? Es ist damit zu rechnen, dass sie wegen der Inflation nicht mehr das wert sind, was sie jetzt wert wären. Dann werde ich vielleicht eine von den Sammlerinnen sein. Das ist nicht pessimistisch, das ist realistisch. Viele sehen das wohl ähnlich. Vier von fünf Deutschen bezweifeln laut einer repräsentativen OECD-Umfrage, dass ihre Rente reichen wird. Dies besagt, dass es die größte wirtschaftliche und soziale Angst in Deutschland ist.[4] Wem wird die Rente am häufigsten nicht reichen? Menschen, die weniger verdienen als der Durchschnitt, und Menschen, die nicht durchgehend in die Rentenversicherung eingezahlt haben.[5] Denn die Höhe der späteren Rente hängt von der eingezahlten Summe ab, und die orientiert sich am Einkommen. Häufig sind das Menschen, die in Teilzeit gearbeitet haben und zwischendurch arbeitslos oder krank waren. Das sind also Menschen, von denen sicherlich auch einige unverschuldet in die Arbeitslosigkeit und in die Berufsunfähigkeit gerutscht sind. Größtenteils sind das aber Arbeitnehmer mit Vollzeitjobs im Niedriglohnsektor, davon gibt es zurzeit in Deutschland 4,2 Millionen. Sie verdienen weniger als zwei Drittel des mittleren Einkommens. Dieses beträgt 1733 Euro brutto im Osten und 2226 Euro im Westen Deutschlands.[6] Wer nur 60 Prozent davon zur Verfügung hat, also im Schnitt 1096 Euro netto, gilt als arm.[7] Das ist in etwa die Summe, die ich jeden Monat auf mein Konto überwiesen bekomme, zwischen 1050 und 1100 Euro, je nachdem, wie viele Arbeitstage der Monat hat. Und das, obwohl ich sieben Stunden am Tag putze und wische und schwitze – ich arbeite als Reinigungsfachkraft in einem Krankenhaus.

Die Zahlen sagen uns also, dass die 80-Jährigen von morgen nicht die sind, die im Krieg aufgewachsen sind und im Bergwerk gearbeitet haben, aber dass auch sie malocht haben. Das sind weitere Reinigungskräfte, Busfahrerinnen, Friseure, Verkäufer, Logistiker, Pflegekräfte, Erzieherinnen, Servicekräfte, Landwirte, Bauarbeiter, Mitarbeiter der Müllabfuhr, Bäckerinnen. Die Mütter und Väter, die ja auch Arbeit leisten, nicht zu vergessen. Die Liste könnte endlos fortgeführt werden, und was fällt auf? Das sind Menschen, die unser Land zusammenhalten, die es am Leben erhalten. Wenn sie die Wischmopps in die Ecke stellen, die Kinder nicht mehr erziehen, die Patienten nicht mehr pflegen, den Müll nicht mehr abholen, die Straßen nicht mehr teeren, den Weizen nicht mehr ernten, das Band nicht mehr bedienen – dann sähe es für alle – und nicht mehr nur für einen Teil der Gesellschaft – traurig aus. Deshalb schreibe ich dieses Buch. Denn auch die, die wenig verdienen, verdienen es, in Würde zu leben. In der Zeit, in der sie arbeiten, und in der danach. Alle sollten gut leben können, aber dass es nicht einmal die können, die arbeiten, ist ein Armutszeugnis für dieses Land. Ein Land, das noch nie weniger Arbeitslose hatte und wirtschaftlich großen Erfolg hat. Das Exportland Nr. 1. Doch von dieser Entwicklung haben nicht alle etwas. In Deutschland ist die Schere zwischen Arm und Reich so groß wie vor 100 Jahren, in der Nachkriegszeit war sie nie höher.[8] Es gibt ein deutsches Sprichwort, das frei zitiert besagt, dass die Menschlichkeit einer Gesellschaft daran zu erkennen ist, wie sie ihre schwächsten Mitglieder behandelt. Wie geht sie mit den Kindern, den Kranken, den Menschen mit Behinderungen um? Den Alten und Armen? Wie geht sie mit denen um, die sie zu den Schwächsten macht, den Migranten, den Frauen?

Sicher, jeder bekommt hier ein Dach über dem Kopf, Essen und eine Krankenversicherung, die meisten bekommen Arbeit. Das ist wahr, aber schaut man genauer hin, haben manche vielleicht ein Dach über dem Kopf, aber nicht Geld genug zum Heizen, sie haben vielleicht zu essen, aber sie können sich kein hochwertiges Gemüse und Obst leisten, sie haben eine Arbeit, aber nur eine prekäre. Ich meine: Das muss nicht sein. Und das darf nicht sein. Deutschland muss endlich etwas tun, und zwar das Richtige.

Denn während an Symptomen der Altersarmut, der Rentenkrise herumgedoktert wird, vergisst man, den Ursachen auf den Grund zu gehen. Man diskutiert darüber, die Rentenbeiträge für die Arbeitnehmer anzuheben, doch das Einzige, was angehoben werden sollte, sind die Löhne. Und das ist längst überfällig. Aber nein, es wird einfach weiterdiskutiert, während Menschen leiden. Es muss endlich etwas passieren.

In Kapitel 4 »Tut etwas! Die Rente retten« werden einige Forderungen geltend gemacht und Vorschläge unterbreitet, die nötig sind, um diese Krise abzuwenden. Was mich dazu befähigt, dieses Buch zu schreiben, möchten sich manche vielleicht fragen. Ich bin keine Expertin, das heißt aber nicht, dass ich nicht die Meinung von Experten sammeln kann. Ich bin keine Politikerin, aber ein Teil der Demokratie. Ich habe es satt, dass die Diskussion oft ohne die Menschen geführt wird, die es am meisten betrifft.

Die Diskussion geht meiner Meinung nach zu oft am Punkt vorbei. Wie auch momentan: Das Thema Rente ist hochaktuell, da die SPD eben doch einen »Handlungsbedarf« sieht und eine Grundrente einführen will. Eine Rente, die gut zum Leben reichen soll für Menschen, die 35 Jahre lang in die Rente eingezahlt haben und unter 896 Euro verdienen.[9] Dabei sollen sie keiner Bedürftigkeitsprüfung unterzogen werden (später mehr dazu). Aber was passiert? Zerreden und Gezeter. Da sagen manche, die Grundrente sei ein Wahlgeschenk und die FDP meint, Geld würde mit dem Gießkannenprinzip verteilt werden. Muss ich jetzt wieder mit den Pimpernellen anfangen? Ernsthaft? Ein Geschenk vom Staat an Menschen, die ihr Leben lang gearbeitet haben? So läuft es oder sollte es laufen: Geben und Nehmen. Diese Arbeitgeber haben ihr Geschenk, wenn man es so nennen will, bereits dem Staat gemacht. In dieser Diskussion bekam ich immerhin die Gelegenheit, mich zu äußern. Ich wurde in die Sendung *Hart aber fair* eingeladen, die Gegenstand des nächsten Kapitels sein wird. Und jetzt bekomme ich die Chance, mich hier, auf diesen Seiten, zu äußern. Denn auf dem Buchmarkt ist meine Meinung auch nicht wirklich vertreten. Sehe ich mir die Publikationen zum Thema Rente an, muss ich teilweise verwundert den Kopf schütteln. Ein Unternehmer vermittelt den Lesern in seinem Bestseller, dass Arbeitnehmer keinen Anspruch hätten, auf »fremde Kosten« zu leben, und damit meint er die gesetzliche Rentenversicherung.[10] Und weiter: Man sei selbst schuld, wenn man nicht von seiner Rente leben könne. Denn jeder müsse ja nur sieben Punkte befolgen, darunter natürlich privat vorsorgen, um den Ruhestand in Wohlstand zu verbringen. Der Herr in Anzug und roter Krawatte nennt sich »Moneycoach«, aber ich kann auch etwas zum Thema »Money« beitragen: Wie soll ich von 1100 Euro 20 Prozent sparen, so wie er es vorschlägt? Also 220 Euro – ich kann mir ja noch nicht einmal leisten, diese Summe für einen Monatseinkauf von Lebensmitteln auszugeben. Das ist blanker Hohn. Und ein anderer, ein Journalist, fordert in einer Neuveröffentlichung, dass der Renteneintritt mit 70 Jahren erfolgen sollte, damit das Rentenproblem gelöst werde. Sicher, das ist die Lösung: Vielleicht fällt der Maurer mit 70 von der Leiter, bricht sich das Genick und ist tot. Dann muss man auch keine Rente mehr bezahlen. Das ist hart ausgedrückt, aber es ist letztendlich das, was wahrscheinlich dem Altenpfleger oder der Schweißerin durch den Kopf geht. Ich kann nicht für alle sprechen, aber ich weiß, dass viele so denken. Das tue ich auch: Ich glaube nicht einmal, dass ich das jetzt bestimmte Rentenalter erreiche. Ich glaube nicht, dass ich bis zu meinem 67. Lebensjahr Betten reinigen werde. Nicht, weil ich es nicht möchte, sondern, weil ich es nicht mehr schaffen werde.

Und was ich auch weiß: Wenn wir so weitermachen, mit den Ellbogen, dem fehlenden Respekt, dem Reden, dem Nichthandeln, wird diese Ungleichheit uns alle einholen. Uns alle, weil Ungleichheit sozialer, wirtschaftlicher und politischer Sprengstoff ist. Der Riss durch die Gesellschaft ist schon deutlich zu erkennen – die AfD ist im Bundestag. Immer weniger Menschen fühlen sich von der Politik und den Medien vertreten, und wie manche damit umgehen, macht mir Sorgen. Das ist keine Neiddebatte, wie manche behaupten, wenn es um Ungleichheit geht, sondern eine Debatte, die wir führen müssen. Wir müssen jetzt etwas ändern, nicht nur die Politik, sondern auch die Arbeitgeber und wir Bürgerinnen und Bürger, damit wir, so pathetisch es sich anhören mag, alle gemeinsam in Frieden alt werden können. Deshalb werde ich meine Stimme nutzen und hoffe, dass es auch andere tun.

Kapitel 1
Mir reicht es!
Weil es später nicht reichen wird

Arm trotz Arbeit

Das erste Mal kam ich zu Wort, als der WDR eine Dokumentation mit dem treffenden Titel *Arm trotz Arbeit* gedreht hat. Der Sender war sozusagen auf der Suche nach den Verlierern des Systems. Es ist merkwürdig zu hören, dass man arm sein, ein Verlierer sein soll. Ich habe mich nie für meinen Beruf geschämt, warum auch. Zudem bin ich eher eine Lebenskünstlerin mit der Ruhrpott-Mentalität: »Nicht jallern, anpacken.« Ich jammere nicht, dass es mir schlecht geht. Es gibt Menschen, die nähen Fußbälle, bis ihnen die Hände bluten, die über kein sauberes Wasser verfügen und alles verloren haben, was ihnen lieb ist. Es gibt Menschen, denen es schlechter geht als mir, ich habe nur manchmal kein Geld. Dafür hatte ich eine Mutter, und ich habe einen Vater, zwei Brüder, zwei Schwägerinnen, zwei Katzen, eine Zweizimmerwohnung. Und wahrscheinlich bräuchte ich auch zwei Jobs, wenn ich im Alter nicht noch schlechter dastehen möchte als jetzt. Armut muss man auch im Verhältnis sehen. Wie geht es mir, und wie geht es den anderen? Ist es also Jammern, wenn ich die Missstände aufzeige, oder ist es der Einsatz, um eine Veränderung herbeizuführen? Ich denke Jallern und Anpacken schließen sich nicht aus, man kann sagen, was schiefläuft, und man kann selbst handeln. Man muss den Mund aufmachen, wenn sich etwas verändern soll, denn Elend ist nie vertretbar, besonders nicht, wenn es ein Elend im Wohlstand ist.

Zu Recht wurde in der Dokumentation gefragt: »Wie kann es sein, dass in einem so reichen Land wie Deutschland so viele Frauen so schlecht dastehen?« Denn gerade Frauen verdienen wenig und sind somit besonders von Altersarmut gefährdet. Ihr Alterseinkommen ist im Durchschnitt 600 Euro niedriger als das von Männern mit 1700 Euro netto. Natürlich sind in dieser Auswertung Frauen erfasst, die finanziell von ihren Männern gestützt werden, denn ihr Beitrag zum Familieneinkommen ist fast so gering wie nirgendwo sonst in Europa.[11] Es scheint, als seien die Rollen klar verteilt, mehr dazu in Kapitel 2. Ich habe jedoch keinen Mann, der den Kühlschrank füllt, wenn nichts da ist. Viele Alleinerziehende und ledige Arbeitnehmerinnen fragen sich, so wie ich auch, was für ein System, was für eine Struktur das ist, in der viele nicht von ihrer Arbeit leben können. Vier von diesen Frauen porträtierte der WDR, und ich war eine von ihnen. Ein Dreivierteljahr begleiteten sie mich, schauten in den Topf in meiner Küche und über meine Schulter im Krankenhaus. Ich merkte, es geht nicht nur mir so, ich bin ein Beispiel für viele Menschen in Deutschland.

Deshalb kann mein Tagesablauf als Beispiel dienen: Ich stehe jeden Morgen um halb sechs auf, manchmal fühlt es sich früh an. Ich füttere meine Katzen, setze mich mit meinem Kaffee hin und schalte die Nachrichten oder das *Morgenmagazin* ein. Dann weiß ich, was in der Welt passiert, und bin auf dem Laufenden, außerdem hat es den angenehmen Nebeneffekt, dass ich morgens noch zu müde bin, um mich aufzuregen. Kurze Zeit später bin ich schon im Krankenhaus. Meine Kollegen kommen alle guter Dinge zur Arbeit, und wir unterhalten uns zum Beispiel darüber, was es abends zu essen geben soll: Kotelett mit Kartoffeln und Gemüse. Dann beginnt der Arbeitstag. Es sieht so aus, dass ich den ganzen Tag laufe, putze, die Wagen packe, Wäsche von der Wäscherei hole. Die Wäsche wiegt in etwa 200 Kilo, auch wenn der Wagen eine große Hilfe ist, ist es nicht leicht. Ich bin vor allem für das Reinigen der Betten verantwortlich, und das muss gründlich gemacht werden, denn man weiß nicht, welche Krankheit der Patient hatte und was in dem Bett passiert ist. Manchmal sieht man es aber sehr deutlich: Blut und Ausscheidungen. Wie ich auch in der WDR-Dokumentation sagte: »Ich denk' mir immer, man muss so arbeiten, als würde man selber in einem solchen Bett liegen.« Dementsprechend ist es auch viel Arbeit, besonders, wenn ich bis zu 23 solcher Betten am Tag reinigen muss. Dazu kommt, dass man unter dem Bett sauber machen muss, die Bettlaken aufziehen muss, das heißt: Ich bücke mich etwa 80- bis 90-mal am Tag. Wenn wir Kollegen uns nach ein paar Stunden wieder unterhalten, sieht alles schon ganz anders aus: Dann wird nur noch Kotelett mit Kartoffeln ohne Gemüse geplant, später nur noch das Kotelett, und irgendwann heißt es: Ich habe noch etwas in der Tiefkühltruhe oder von gestern übrig. Abends ist man einfach zu müde, um irgendetwas zu tun. Einkaufen, kochen – zu anstrengend. Oft reicht die Kraft gerade für eine Schnitte. Und manchmal werfe ich eine Schmerztablette ein, weil alles wehtut, selbst die Knochen, und da verstehe ich den Begriff »Knochenjob«.

Wie will man das jetzt nennen, wenn man müsste? Fleißig? Hart arbeitend? Oder einfach nur schön doof. So hat es mir mal einer gesagt, er meinte wortwörtlich zu mir: »Susanne, du bist ja schön doof, für 100 Euro im Monat mehr stellst du dir den Wecker.« Das ist doch eine Aussage, und das wirft bei mir die Frage auf: Haben wir das richtige Anreizsystem in Deutschland? Menschen, die keine Arbeit haben, bekommen durch Hartz IV fast genauso viel Geld wie Menschen, die täglich arbeiten. Man ackert sich kaputt, obwohl man nicht muss. Damit möchte ich nicht die beschuldigen, die noch weniger haben, sondern die, die wirklich etwas ändern könnten. Die Politik und die Arbeitgeber. Das darf in diesem Land nicht sein, dass so viele Menschen sich abrackern und jeden Cent umdrehen müssen. Diese Absurdität muss dem ARD-*Morgenmagazin* aufgefallen sein. Dessen Team ist durch die Dokumentation auf mich aufmerksam geworden und wollte gern einen Beitrag senden, der wie die Dokumentation den Titel *Arm trotz Arbeit* trug. Dafür sollte ich ins Studio nach Dortmund kommen. Da ich jedoch arbeiten musste und nicht immer Urlaub nehmen kann, gab es kurz vor der Arbeit um 6:35 Uhr eine Live-Schaltung direkt in mein Wohnzimmer. Die Moderatorin fragte mich: »Haben Sie sich schon einmal ausgerechnet, wie Ihr Leben wäre, wenn Sie sich Hartz IV auszahlen lassen würden?« Ich antwortete, dass ich um die 900 Euro bekäme und dass ich trotzdem nicht aufhören würde zu arbeiten. Das antwortete ich bereits dem Menschen, der sagte, dass ich schön blöd sei. Ja, kann sein, dass ich das bin, aber dafür kann ich jeden Tag reinen Gewissens in den Spiegel schauen. Es gibt keine blöden Fragen, heißt es, aber diese Fragen zielen einmal mehr an den Bedürfnissen und der Lebensrealität der Arbeitnehmer im Niedriglohnsektor vorbei. Wahrscheinlich auch an der vieler Menschen, die soziale Leistungen beziehen. Es gibt Menschen, die, aus welchen Gründen auch immer, nicht arbeiten wollen – ich aber glaube, dass die meisten Menschen aus persönlichem und sozialem Interesse für sich selbst sorgen und auch etwas dafür tun möchten. Wie ich. Ich möchte gar nicht die Füße hochlegen und nichts mehr tun. Ich bin in einem Alter, in dem ich arbeiten kann und will. Aber ich erwarte von einem gut funktionierenden Staat, dass sich Arbeit lohnt. Dass Politiker die nötigen Reformen einleiten, die das möglich machen. Diese haben seit Hartz IV einen bitteren Beigeschmack bekommen. Wie die Arbeitsbeschaffungsmaßnahmen, darunter 1-Euro-Jobs, die wieder die Arbeit von Menschen nicht wertschätzen. Die SPD hat die Auswirkung von Hartz IV wohl verstanden und möchte es abschaffen, obwohl sie es eingeführt hat. Überhaupt findet das S im Namen der SPD wieder zu seiner ursprünglichen Bedeutung zurück: sozial. Im *Morgenmagazin* war dann kurz nach mir auch Arbeits- und Sozialminister Hubertus Heil von der SPD im Studio. Deshalb fragte mich die Moderatorin, was ich ihm gerne mitteilen würde. Ich musste nur kurz überlegen, denn es war mir ganz klar, und ich antwortete: »*Ich würde ihm einfach gerne sagen, dass man sich mal Gedanken darüber machen muss, dass die Gelder anders verteilt werden und dass die Mindestlöhne steigen müssen. Wenn der so bleibt, wie er jetzt ist, hat keiner eine Rente. Wir befinden uns alle in dem niedrigen Bereich und sind eigentlich dazu genötigt, nach 40 Jahren Arbeit aufstocken zu lassen, über die Sozialhilfe später mal. Das muss einfach gerechter werden. […] Weiß ein Herr Heil heute, was beim Bäcker zehn Brötchen kosten? Oder wie teuer ein Einkauf ist? Wenn ein Liter Sprit 1,50 Euro kostet, man überlegen muss, ob man für zehn Euro, für 20 Euro tankt? Das sind Ängste, die haben Menschen nicht, die mehr Geld im Portemonnaie haben.«* Ehrlich gesagt, zu diesem Zeitpunkt bin ich davon ausgegangen, dass ich diesem Menschen nie begegnen würde. Das sollte sich bald ändern.

Hart aber fair – Die Grundrente

Ich bekam einen Anruf von der *Hart aber fair*-Redaktion, die die politische Talkshow im Ersten plante. Das Thema: »Respekt für Rentner oder Wahlgeschenk: Was bringt die neue Grundrente?« Ich hatte mich bereits über die zwei letzten Medienanfragen gewundert. Der Redakteur stellte mir nun einige Fragen und meinte, das Team müsse zwar noch besprechen, ob ich für die Sendung infrage käme, aber ob ich grundsätzlich Interesse hätte. Ich sagte zu, denn ich dachte: »Die melden sich eh nicht.« Als der zweite Anruf kam, war ich überrascht. Aus der Leitung ertönte: »Herzlich willkommen in unserer Sendung.« Daraufhin entgegnete ich, ob sie sich wirklich sicher seien und ob sie keinen anderen gefunden hätten.

Gleichzeitig aber dachte ich mir, ich könnte auf meine Situation und die vieler anderer Menschen aufmerksam machen. Außerdem könnte ich den Zuschauern ein angemessenes Bild von den Menschen vermitteln, die als Niedriglöhner und im Speziellen als Reinigungskräfte arbeiten. Ein Bild, das abweicht von den grenzdebilen, verzweifelten »Putzfrauen«, die sich keine vernünftige Garderobe leisten und sich nicht artikulieren können. Klar gibt es in unserer Branche »hohle Nüsse« wie in jeder anderen Branche auch. Und klar ist auch, dass das kein Traumjob ist, das muss man sich nicht schönreden. Es ist ein Job, den man aus den verschiedensten Umständen machen muss. Wie die Anwaltsgehilfin, die ihre Kinder allein großziehen muss, aber in ihrer Kanzlei nicht in Teilzeit arbeiten kann. Oder der Mann, der die deutsche Sprache nicht beherrscht, jedoch arbeiten möchte. Ich für meinen Teil wurde Reinigungskraft, weil ich meinen Beruf nicht mehr ausüben konnte. Ich war Altenpflegehelferin und bekam Bandscheibenprobleme. Zwar ist auch meine jetzige Tätigkeit körperlich anstrengend, aber weniger als im Altenheim, wo ich teils 100 Kilo schwere Patienten aus dem Bett hieven musste. Aber ich bin nicht am Verzweifeln, und ich schäme mich auch nicht, ich habe sogar Spaß bei der Arbeit. Und ich weiß, auch wenn ich dafür nie Lob bekomme, dass auch ich meinen Beitrag zum Funktionieren des Krankenhauses leiste. So können Patienten unter hygienischen Zuständen wieder gesund werden. Das muss den Menschen bewusst werden, das ist wichtig für mehr Empathie in der Gesellschaft. Wir müssen uns umeinander kümmern, statt Menschen, die hart arbeiten und schlecht bezahlt werden, zusätzlich mit Vorurteilen entgegenzutreten.

Das wollte ich in der Sendung klarstellen. Als diese dann näher rückte, wurde ich nervös. Im Internet las ich, dass in der Regel drei Millionen Menschen zusehen. Das hat mich erschreckt, und als die vielen Lichter am Tag der Tage auf mich gerichtet waren, wurde ich noch nervöser. Ich suchte Blickkontakt zu meinem besten Freund, der mich begleitet hatte und im Publikum saß. Über das Thema dachte ich gar nicht groß nach, ich recherchierte auch nicht, denn wie soll man sich auf eine offene Gesprächsrunde vorbereiten? Man könnte mich alles rund um das Thema Rente fragen, und ich war nicht als Expertin, nicht als Politikern, sondern als ich selbst eingeladen worden. Und ich wusste ja, was ich erlebe und was ich denke. Ich machte mir eher Sorgen, dass ich nicht aufrecht oder krumm dasitze. Deshalb war ich auch über den Tresen dankbar, hinter dem ich entspannter sitzen konnte. Ich wurde in der Mitte des Tresens platziert. Rechts von mir saß Johannes Vogel von der FDP und neben ihm der Chefredakteur Christoph Schwennicke vom politischen Magazin *Cicero*. Zu meiner Linken saßen Verena Bentele, die Präsidentin vom Sozialverband VdK, und neben ihr SPD-Arbeitsminister Hubertus Heil. Der Mann, dem ich vor laufender Kamera im *Morgenmagazin* ins Gewissen geredet hatte. Und ich tat es noch einmal bei *Hart aber fair*, denn er muss sein Konzept der Grundrente verteidigen, das er im Februar 2019 vorstellte und am 1. Januar 2021 in Kraft treten soll. Die Union und die SPD haben eine Grundrente in ihrem Koalitionsvertrag vereinbart, aber über die Bedingungen haben sie sich noch nicht einigen können, wollen es aber bis zum August 2019 tun, denn dann soll ein Gesetzesentwurf ins Kabinett gebracht werden.

Doch um was für ein Konzept handelt es sich? Ja, was ist denn die Grundrente, wie Heil sie sich vorstellt, überhaupt? Das möchte ich erst einmal – ohne zu werten – erklären. Kleine Renten, die unter 896 Euro im Monat liegen, sollen regelmäßig aufgestockt werden. Die Voraussetzung ist: Die Rentnerin oder der Rentner müssen 35 Jahre in die Rente eingezahlt haben. Das heißt, sie müssen 35 Jahre gearbeitet haben, zu diesen zählen aber auch Jahre der Teilzeitarbeit, Pflege und Kindererziehung. Wie unterscheidet sich das jetzt von der Grundsicherung, bei der über 65-Jährige, die unter 838 Euro im Monat zur Verfügung haben, finanzielle Hilfe in Anspruch nehmen können?[12] Erstens soll die Grundrente um 10 Prozent höher als die Grundsicherung ausfallen. Konkret kann das 448 Euro mehr im Monat bedeuten. Eine Friseurin bekäme dementsprechend 961 Euro statt 513 Euro Rente. In meinem Fall würde ich statt 715 Euro ganze 1002 Euro im Monat erhalten. Das würde auf meinem Konto ein Plus von 287 Euro machen. Also kommt die Grundrente Arbeitnehmern zugute, die Mindestlohn oder Niedriglohn verdienen beziehungsweise verdienten. Zweitens unterscheidet sich die Grundrente von der Grundsicherung im Punkt Bedürftigkeitsprüfung. Menschen, die viel gearbeitet haben und deren Rente trotzdem nicht ausreicht, sollen bei der Grundrente nicht ihre Vermögensverhältnisse offenlegen müssen – wie das bei der Grundsicherung erforderlich ist. Die Rentenversicherung soll bei der Grundrente hingegen nur den Betrag berücksichtigen, der auf dem Rentenbescheid steht. Stehen auf diesem 500 Euro im Monat, so ist es egal, ob der Rentner zusätzliche Einkünfte aus Immobilien oder einem Nebenjob hat, ob er mit einem reichen Partner lebt, geerbt oder gespart hat.

Warum diese Rahmenbedingungen? Die SPD fordert sie, damit sich Arbeit auch in der Rente lohnt. Auf ihrer Homepage formuliert sie das Ziel der Grundrente so: »*Wer ein Leben lang gearbeitet, Kinder erzogen oder Angehörige gepflegt hat, soll im Alter deutlich besser abgesichert sein als jemand, der nicht gearbeitet hat. Denn das ist eine Frage der Anerkennung und Gerechtigkeit. Zugleich bekämpfen wir damit die Altersarmut.*« Die SPD wirbt weiterhin mit dem

Slogan: »Aus Respekt vor der Lebensleistung.«[13] Deshalb wird die Grundrente im aktuellen Diskurs auch Respekt-Rente genannt. Doch kann diese die Altersarmut wirklich bekämpfen, und wie vielen Menschen wäre mit ihr wirklich geholfen?

Drei bis vier Millionen Menschen würden von der Grundrente profitieren, so errechnete es jedenfalls das Arbeitsministerium. Dafür griff es auf Daten der Deutschen Rentenversicherung zurück. Besonders Frauen könnten aufatmen: 75 Prozent, das sind 2,25 Millionen Frauen.[14] Auch Menschen in den östlichen Bundesländern würden davon stark profitieren, da ihr Lohnniveau in den Neunzigerjahren und um die Jahrtausendwende niedrig war. Wenn die Grundrente jedoch mit einer Bedürftigkeitsprüfung einhergehen würde, wäre nur 130 000 Menschen geholfen. Diese Zahl ergibt sich aus der Anzahl von Menschen, die heute bereits auf die Grundsicherung angewiesen sind, obwohl sie mindestens 35 Jahre lang Beitragszahlungen geleistet haben.[15]

Die Bedürftigkeitsprüfung ist einer der größten Streitpunkte sowohl in der Politik als auch in der Öffentlichkeit. Dieser könnte sogar dazu führen, dass die Grundrente scheitert. Der zweite Streitpunkt liegt in der Finanzierung. Die beiden Punkte hängen natürlich zusammen. Denn würde eine Grundrente mit Bedürftigkeitsprüfung auf den Weg gebracht werden, würde sich, wie erwähnt, der Kreis der Personen verkleinern, und somit ließen sich auch die Kosten senken. Das wären dann nur 200 Millionen Euro im Jahr, also ein Dreißigstel der Kosten, die bei einer Grundrente mit Bedürftigkeitsprüfung zu tragen wären.[16] Heil geht von einem Betrag »in mittlerer einstelliger Milliardenhöhe pro Jahr« aus.[17] Die SPD schätzt ungefähr fünf Milliarden Euro,

Gegner der Grundrente meinen, es wären eher zwölf Milliarden Euro pro Jahr.[18] Doch gerade jetzt kam die Hiobsbotschaft, dass in naher Zukunft im Haushalt ein Loch von 25 Milliarden Euro klaffen wird.[19]

Und da möchte man eine Grundrente einführen, die auf Steuereinnahmen basiert? Deshalb nennen einige die Pläne des Ministers ein »Luftschloss«. Ich denke, wir müssen versuchen, dieses »Luftschloss« zu bauen, und in Kapitel 4 zeige ich auch auf, dass eine Finanzierung gar nicht so abwegig ist. Besonders aus der Politik kommt Gegenwind, zwar wollen alle eine Grundrente, aber welche? Mir kommt es so vor: Die, die am wenigsten kostet und ohne Bedürftigkeitsprüfung, besonders seitens der Union. So stehe es auch im Koalitionsvertrag, auf den auch Bundeskanzlerin Angela Merkel pocht. Die FDP und die Bundesvereinigung der deutschen Arbeitgeber schließen sich dieser Meinung an.

Es gibt jedoch auch begeisterten Zuspruch für Heils Grundrente. Dieser kommt vonseiten der Sozialverbände und der Gewerkschaften. Verdi-Chef Frank Bsirske nannte sie einen »Meilenstein in der Auseinandersetzung um bessere Renten«.[20] Doch eine Grundrente sollte ohne Bedürftigkeitsprüfung auf den Weg gebracht werden, alles andere wäre entwürdigend und zudem mit hohem bürokratischem Aufwand verbunden, so meint auch das Vorstandsmitglied des DGB, Annelie Buntenbach. Die Deutsche Rentenversicherung bezweifelt weiterhin, dass eine solche Prüfung praktikabel sei.[21] Auch die Mehrheit der Deutschen begrüßt eine Grundrente ohne Bedürftigkeitsprüfung. Ganze 61 Prozent sprachen sich für sie in der Umfrage des ZDF-*Politbarometers* aus.[22]

Aber zurück zu *Hart aber fair*. Was meinten die Gäste zu der Grundrente? Arbeitsminister Hubertus Heil wurde mit seinem eigenen Zitat vorgestellt. Er gab zu, dass seine geplante Grundrente ein finanzieller Kraftakt werde, der es aber der Gesellschaft wert sein sollte. Das sehe auch ich so. Die Grundrente ist ein erster Schritt in die richtige Richtung. 1000 Euro sind mehr als 715 Euro, doch noch besser wäre es, wenn das 1000 Euro netto wären und diese nicht zusätzlich besteuert werden würden. Wie, von der Rente wird noch noch Steuer abgezogen? Ja und auch der Krankenkassen- und Pflegeversicherungsbeitrag. Um zu verstehen, warum das so ist, bin ich wahrscheinlich zu blond. Ich zahle doch bereits Steuern von meinem Gehalt? Wenn ich also 1000 Euro brutto habe, davon noch Steuern und Sozialabgaben und meine Fixkosten abgezogen werden, dann sieht es immer noch düster aus. Von der Inflation gar nicht zu reden, diese 1000 Euro werden in Zukunft nicht das wert sein, was sie heute sind. Die Grundrente ist also nicht mehr als ein Schönheitspflaster.

Wie sich dann Menschen über mein zukünftiges Wohl unterhalten, denen es finanziell besser als mir geht, konnte man in der Sendung beobachten. Zurücklehnen und anschauen. Will noch jemand Popcorn oder von mir aus Fritten? Denn die Diskussion war sozusagen ein Abziehbild der großen Diskussion in der Öffentlichkeit. Es ging vor allem um die Frage, ob die Grundrente gerecht ist. Heil setzte sich natürlich für seine Reform ein und fand, dass sie Gerechtigkeit schaffe, indem sie denen, die wenig im Alter hätten, unter die Arme greife. Bentele vom Verband der Kriegsbeschädigten, Kriegshinterbliebenen und Sozialrentner Deutschlands (VdK), dessen fast zwei Millionen Mitglieder größtenteils Rentner sind, schlug sich natürlich auf Heils Seite.

Sie kritisierte lediglich, dass die Grenze bei 35 Jahren gezogen werden sollte, und fragte nach den Arbeitnehmern, die 34 Jahre gearbeitet hätten, oder denjenigen, die zwischendurch arbeitslos waren. Und was ist mit denen, die etwas mehr als die veranschlagten 896 Euro im Monat bekämen? Sie alle würden leer ausgehen. Mit vollgepackten Taschen hingegen stünden Menschen da, die es gar nicht bräuchten. Eher so sahen es der Journalist von *Cicero*, Schwennicke, und der FDP-Politiker Vogel. Denn nicht alle Rentner, die eine kleine Rente haben, benötigen einen Zuschuss. 55 Prozent aller Rentner in Deutschland erhalten eine gesetzliche Rente, die unter 900 Euro im Monat liegt. Doch diese Rentner haben nicht nur diesen Betrag zum Leben – in der Sendung wurde gezeigt, dass beispielsweise Handwerksmeister, Ärztinnen und Selbstständige oft zusätzliche Einkünfte zur Rente haben, beispielsweise durch Immobilien oder eine private Altersvorsorge. Wenn diese 35 Jahre eingezahlt haben, stehe ihnen trotzdem die Grundrente zu. Deshalb sei die Grundrente nicht zielgenau, so Vogel. Er behauptet sogar, dass 97 Prozent von ihr profitieren würden, obwohl sie gar nicht bedürftig seien. Wenn man nur Menschen als bedürftig ansieht, die die Grundsicherung erhalten, ich nannte die 3 Prozent ja bereits – dann mag das sein. Außerdem würde es keinen Unterschied machen, ob jemand sein Leben in Teilzeit oder Vollzeit gearbeitet habe. Beide könnten mit der Grundrente gleich viel bekommen. Ich hielt in der Sendung wieder als Beispiel her. In einem Clip hieß es:»Liebe Frau Holtkotte, uns ist da etwas aufgefallen. Sie haben die Wahl, entweder Sie arbeiten weiter wie bisher in Vollzeit, oder Sie gehen ab sofort in Teilzeit und arbeiten nur noch die Hälfte. Mit Heils Grundrente würde das an Ihrer Rente kaum etwas ändern, statt 1002 Euro bekämen Sie dann nämlich 977 Euro Grundrente [...].«[23]

Was ist denn nur mit den Leuten los, dass sie mir alle vorschlagen, einen auf faule Haut zu machen? Das ähnelt dem Vorschlag, ab sofort Hartz IV zu beziehen, und ich antwortete ähnlich: »Was soll ich dazu sagen? Ich arbeite natürlich weiter.« Ich und viele andere können es sich nicht leisten, in Teilzeit zu gehen, da sie ja dann die Hälfte des Gehalts bekommen würden. Und die Menschen, die in Teilzeit arbeiten, weil sie es aufgrund von Krankheit oder Elternschaft können oder müssen, haben es meiner und Heils Meinung nach verdient, später die Grundrente zu erhalten. Heil sagte, dass wir ja so tun würden, als wären das ganz reiche Menschen, aber dass dem nicht so sei. Mit dem ewig genannten Beispiel der Arztgattin, die eine niedrige Rente bekomme, deren Mann aber ein Vermögen besitze, werde versucht, die Grundrente zu diskreditieren. Aber auch diese Frau habe fleißig gearbeitet, außerdem würde sie mit ihrem Mann zusammen höhere Steuersätze zahlen. Es gebe sozusagen eine Einkommensprüfung durch das Finanzamt, weshalb dieses Einzelbeispiel kein Grund sei, das ganze Konzept zu verwerfen. Auch ich denke, dass dieser Frau eine Grundrente zustünde, weil sie dann unabhängiger vom Ehemann sein würde. Und wenn bei ihr wirklich Tausende von Euros auf dem Konto vor sich herumdümpelten, würde sie ihren Anspruch auf die Grundrente wahrscheinlich nicht geltend machen.

Für Vogel von der FDP hingegen sind das durchaus Gründe, die für eine Ungerechtigkeit sprechen. Er bezeichnet Heils Grundrente als Politik, die zu teuer wäre und mit der Gießkanne betrieben werden würde. Dieser Metapher kann ich nur eine Pott-Vokabel entgegenhalten: Kokolores. Unsinn. Eine Gießkanne kann auch anders gesehen werden. Sie wird über ein ausgetrocknetes

Beet gehalten, und dort trifft das Wasser flächendeckend alle, die es dringend benötigen, um zu leben. Wenn darunter eine Nacktschnecke ist, die das Wasser nicht braucht, weil sie in einem anderen Beet ihr Wasser bekommt, dann ist das ein Kollateralschaden, aber kein großer. Auch ich mag Bilder, Metaphern, aber manche bringen uns nicht weiter. Genauso wie die, die Frank Plasberg, der Moderator von *Hart aber fair*, vorbrachte: Ist die Grundrente ein Sahnehäubchen auf einem dicken Stück Kuchen? Wohl eher der Belag auf dem trockenen Brot, und deshalb halte ich die Grundrente für gerecht. Was die Bedürftigkeitsprüfung angeht, bin ich nicht grundsätzlich gegen sie, merke aber an: Mit einer Prüfung würden sich sicher viele so fühlen, als würden sie etwas beziehen, das ihnen nicht zusteht, als würden sie Almosen erbetteln. Als müssten sie sich nackig machen – sie müssten ihren Schmuck auflisten, angeben, wie viel ihre Kinder verdienen, wie viel ihr Haus, ihr Auto wert ist usw. Deshalb werden viele sich aus Scham nicht helfen lassen. Ich unterstelle mal, dass die Politiker darauf spekulieren. Weiterhin, so sagte ich auch in der Sendung: »Es ist eine Frechheit, dass die Menschen so bestraft werden.« Ich bezog mich auf Menschen, die am Ende ihres Arbeitslebens ihr Gespartes weggeben müssten. Der Chefredakteur des Magazins *Cicero*, Schwennicke, meinte, eine Prüfung wäre »nicht so schändlich und verwerflich«, er selbst würde auch die Tür aufmachen und sagen: »So ist meine Lage.« Ich antwortete darauf, dass es um Leute ginge, die hart gespart hätten. Und wenn einer von ihnen es geschafft hätte, in 40 Jahren Maloche von einem kleinen Budget 30 000 Euro auf die Seite zu legen, sollte dieses Geld unantastbar sein. Zwar ist ein Schonvermögen geplant, also dass ein Rentner womöglich sein Haus behalten kann, aber ich fragte, wer denn bestimme, wie hoch dieses sein dürfe.

Nicht nur ich konnte mich nicht mit Schwennicke einigen, auch Heil war anderer Meinung. Es kam zum Eklat. Schwennicke wurde zur Glaubwürdigkeit des Konzepts befragt und dazu, was es mit dem Zeitpunkt auf sich habe. Er meinte, der Zeitpunkt habe einen einzigen Grund. In erster Linie nicht die Not der Rentner und Rentnerinnen, sondern »die nackte Existenznot der SPD«. Denn die Umfragewerte hätten am Boden gelegen. Tatsächlich stiegen die Beliebtheitswerte der SPD von 2 auf 16 Prozent. Heil wehrte sich und sagte, das sei ihm zu »billig«. Es gebe Menschen, so wie er, die in die Politik gegangen seien, um das Leben der Menschen zu verbessern. Und in diesem Fall der Menschen, die tüchtig und fleißig seien und das Land am Leben hielten. Menschen, die vor Altersarmut geschützt werden müssten.

Ich persönlich kaufe es ihm ab, dabei wurde ich in der Sendung mit diesen Worten zitiert: »Ich finde es super, dass Herr Heil Menschen wie mir helfen will, nur traue ich der Politik nicht, wahrscheinlich wird jetzt zwischen den Koalitionspartnern alles so lange zerredet, bis am Ende nichts mehr übrig bleibt.« Ja, ich traue der Politik nicht. Man erlebt es oft: Vor der Wahl ist nicht immer nach der Wahl. Deshalb lasse ich mich nicht einfach blenden, aber in Heil meine ich, Aufrichtigkeit zu erkennen. Trotzdem ist sein Konzept kein Allheilmittel. Eine Grundrente wird die Rentenprobleme nicht lösen, es muss viel mehr getan werden, und man muss auch radikaler eingreifen. Bei *Hart aber fair* erwähnte ich die Löhne, die Erweiterung durch Beitragszahler wie Selbstständige und Beamte, alles Lösungen, die ich in Kapitel 4 ausführe. Aber es ist ein Anfang. Von einem Anfang einer besseren Rentenpolitik zum Ende der Sendung, dort fragte der Moderator, mit wem aus dieser Runde man gerne tauschen wollen würde und was man dabei erfahren möchte. Schwennicke vom *Cicero* deutete in meine Richtung, aber ich wiegelte im Vorhinein ab:»Machen Sie mir nicht das Angebot.« Er würde gerne meine Lebensrealität kennenlernen, und er meinte, auf seinem Platz als Chefredakteur könnte er sich mich vorstellen, eine»scharfe Zunge« hätte ich ja bereits. Auch Vogel wollte mit mir tauschen, ich dagegen nannte Herrn Heil, und dieser meinte:»Frau Holtkotte, ich wollte Ihnen vorschlagen, dass wir wirklich mal einen Tag tauschen.« Dann hielt er mir die Hand hin, und ich schlug ein.

Die Sendung war zu Ende, es wurden Fotos geschossen, ich versuchte, so schnell wie möglich das Weite zu suchen. Mein Puls hämmerte, es war warm, ich hatte Durst, und im Mittelpunkt zu stehen, war mir auch nicht geheuer. Ich lief an den Häppchen vorbei, Vogel und Schwennicke unterhielten sich angeregt weiter. Ich ging zielstrebig zum Tresen und bestellte für mich und meinen Freund zwei Asti und zwei Weißwein. Dann brauchte ich mich nicht noch einmal anzustellen, dachte ich praktisch. Ich ging zur Tür hinaus und atmete die frische Luft ein. Stille. Wenig später ging die Tür auf und Hubertus Heil kam raus.

»Ach, Herr Heil, Hallo.«

»Hubertus – wir sind jetzt beim Du.«

»Wie lustig, der Hubi und die Susi.«

Obwohl das nicht nach Distanz klang, zog ich in Gedanken unweigerlich einen Vergleich: Der Arbeitsminister stellt sich mit der Putze hin. Dieses Hierarchiedenken wich schnell, und wir sprachen über Gott und die Welt. Das Gespräch war nicht bemüht freundlich, sondern ganz ungezwungen, und ich merkte, dass diese Aufrichtigkeit, die ich zu erkennen geglaubt hatte, auch über die Bühne hinausging und auch ohne Zuschauer weiterbestand. Zur Sicherheit sagte ich ihm, er sollte doch bitte bedenken, dass ich aus dem Ruhrgebiet käme und im Ruhrgebiet so ein Handschlag noch zähle. Das sei ein fester Vertrag. Er meinte darauf, dass er es ernst meine. Abwarten.

Kapitel 2

Hört auf! Eine Welt, ein Strang

Politik gegen Politik

Mein Misstrauen gegenüber Politikern und deren Versprechen kommt nicht von ungefähr. Versprochen wurde viel, und was wurde eingehalten? Nicht nichts, aber auch nicht alles. Speziell das Thema Grundrente hatte schon mehrere Anläufe und mehrere Namen: 2011 stellte die damalige Arbeitsministerin Ursula von der Leyen ihre Pläne von einer »Zuschussrente« vor, 2012 einigte sich die schwarz-gelbe Koalition auf eine »Lebensleistungsrente«, 2013 wurde im Koalitionsvertrag die »solidarische Lebensleistungsrente« festgelegt, 2016 sollte die »gesetzliche Solidarrente« Niedriglöhner bei der Rente besserstellen. Von alldem wurde nichts umgesetzt.[24] Auch heute präsentiert sich die Grundrente in verschiedenen Gewändern, mal schöneren, mal hässlicheren: Die Grünen wollen eine Garantierente, die FDP eine Basisrente, die Linke eine solidarische Mindestrente. Um Gottes willen! Wenn ich dagegen klagen könnte, würde ich es tun. Wegen unterlassener Hilfeleistung. Hört auf zu sprechen und führt eine Mindestrente ein, wie letztendlich der Name ist und von wem sie kommt, ist mir »achtnachzich«, nämlich schnurzpiepegal.

Es geht aber nicht nur um die Grundrente, auch andere Neuerungen, die allen heutigen und späteren Rentnern ein Leben in Würde ermöglichen sollen, gehen nur schleppend voran. Schleppend ist gar kein Ausdruck, da schleppt niemand. Heil versucht es vielleicht, wird aber ausgebremst. Neben der Grundrente hat er weitere Rentenreformen in seinem Rentenpaket vorgeschlagen. So die doppelte Haltelinie. Das heißt, das Rentenniveau, also der Durchschnitt der Rentenauszahlungen, soll bis 2025 stabil bleiben, bei 48 Prozent. Aber auch die Rentenbeiträge sollen stabil bleiben – das ist der Prozentsatz, der monatlich vom Arbeitseinkommen abgezogen wird. Er soll nicht über 20 Prozent steigen, aktuell sind es aber 18,6 Prozent, was eine kleine Steigerung bedeutet. Zudem wurden dieses Jahr bereits Verbesserungen bei der Rente für Mütter und Menschen, die aus gesundheitlichen Gründen nicht mehr arbeiten können, auf den Weg gebracht. Für Menschen, die wenig verdienen, sollen die Sozialversicherungsbeiträge gesenkt werden. Erst wer über 1300 Euro im Monat verdient, muss die vollen Beiträge entrichten, aktuell liegt die Grenze bei 850 Euro.[25] Trotzdem ist das alles sehr zaghaft, täglich wird über den Koalitionsstreit berichtet, immer brodelt es in der Regierung. Es ist fast ein bisschen wie im Kindergarten. »Mein Rentenpaket!« »Nein, mein Rentenpaket!« Mütter im Ruhrpott würden zu ihren Kindern sagen: »Schluss jetzt, sonst hat euer Arsch gleich Kirmes!« Es kann doch nicht sein, dass die Gerechtigkeit in einem Land von solchen Streitereien abhängt, von Parteieitelkeiten und Bürokratie. Da muss doch mal jemand auf den Tisch hauen und auch einmal zugeben: »Ja, die Partei hat auch gute Ideen, lasst uns mal alles zusammenlegen und ernsthaft darüber nachdenken, wie das finanziert werden kann.« Statt zu sagen, das könnte auf keinen Fall finanziert werden. Das ist einfach keine Option.

Daran zeigt sich unter anderem, warum ein anständiges Leben im Alter für alle immer wieder scheitert. Weil viele Kräfte gegeneinander arbeiten, nicht nur Politik gegen Politik. Im nächsten Kapitel werde ich aufzeigen, wer oder was noch im Gegensatz zueinander steht. Alt wird gegen Jung ausgespielt, Arm wird ärmer, Reich wird reicher, Frauen und Männer sind noch immer nicht gleichberechtigt, und die Gegenwart versucht, die Fehler der Vergangenheit auszumerzen. Die gesetzliche Versicherung trägt einen Kampf mit der privaten Versicherung aus, und die Bürger resignieren und lassen eine Partei stärker werden, die das Land noch weiter spalten könnte. Ich sagte es bereits in *Hart aber fair* und sage es hier noch einmal in aller Deutlichkeit: »Mein Gott ist das so schwer? Können Sie denn nicht einmal an einem Strang ziehen?« Lasst uns alle an einem Strang ziehen, denn wir haben das Ziel doch vor Augen: eine solidarische Gesellschaft.

Alt gegen Jung

Ein surrendes Geräusch und ein schleifender Fuß über den Asphalt. Die Frau mit dem Rollator taucht aus einer Ecke auf, hinter ihr eine Schlange. Oder eher eine Entenschar aus Greisen. Durch die Fenster sind häkelnde Opas und Schach spielende

Omas zu erspähen. Andere Grauhaarige starren in ihr Smartphone, und wieder andere liegen meckernd in ihren Betten. Auf dem Spielplatz ist kein Kinderlachen mehr, sondern nur Husten vernehmbar. Die Senioren sitzen auf den Bänken und unterhalten sich über die Politik, bei der sie die Strippenzieher sind. Deshalb können die, die noch fit sind, eine Luxus-Kreuzfahrttour machen und sich auf Deck bräunen lassen, während die wenigen jungen Menschen in 70-Stunden-Wochen in Start-ups ausgebeutet werden. Deutschland ist ein großes Altenheim.

Wenn ich Zeitung lese, Fernsehen schaue oder Diskussionen verfolge, dann muss ich mir die Zukunft jedenfalls genau so vorstellen. Als Dystopie. Da wird vor der Machtübernahme der Alten gewarnt, was für ein Wort übrigens. Vor dem Altenputsch. Da wird der demografische Wandel als Horrorszenario benutzt. Ich habe den Eindruck, dass nicht über alte Menschen gesprochen wird, sondern über Zombies! Zombies, die die wenigen verbleibenden jungen Menschen aussaugen. Die Jungen würden von den Alten »ausgeplündert« werden, da sie diese »durchfüttern« müssten. Und der ehemalige Präsident des Ifo-Instituts, Hans-Werner Sinn, meinte: »Durch die Kombination besonders vieler Alter mit besonders wenigen Jungen entsteht ein fast unlösbarer, aber jetzt schon genauestens vorhersehbarer Generationenkonflikt.«[26]

Denn früher, 1950 etwa, sah die Statistik der Bevölkerungsentwicklung noch aus wie eine Pyramide. Die jungen Menschen bildeten das Fundament, und nach oben hin zur Spitze wurden es immer weniger alte Menschen. Jetzt und in Zukunft gleicht die visualisierte Altersstruktur eher einem Dönerspieß. Es gibt also wenig junge Menschen, dafür immer mehr Menschen mittleren Alters, und später sollen es immer mehr alte Menschen werden.[27] In Zahlen drückt sich das so aus: Tatsächlich sind jetzt schon 17,7 Millionen von 83 Millionen Menschen in Deutschland über 65 Jahre alt. Das heißt, jeder Fünfte ist im Rentenalter. Das bleibt aber nicht so, denn bereits in zehn Jahren wird jeder Vierte über 65 Jahre alt sein.[28] Und wie viele junge Menschen wird es geben? Für 2060 errechnet das Bundesinstitut für Bevölkerungsforschung, dass nur 16 Prozent der Menschen unter 20 Jahre alt sein werden. Zum Vergleich: 1871 waren es noch 43 Prozent. Werden die Rentner dann nicht nur allgemein den jüngeren Menschen, sondern den Erwerbstätigen gegenübergestellt, ergibt sich der Altersquotient. Dieser zeigt das Verhältnis von Menschen über 60 und Menschen, die jünger und im arbeitsfähigen Alter sind (20 bis 60 Jahre alt). Im Jahr 2060 wird der Quotient Hochrechnungen zufolge bei 70,9 liegen. Das heißt, von 100 jüngeren Menschen befinden sich fast 71 Menschen in ihrem dritten Lebensabschnitt.[29] Viele Zahlen, tut mir leid, liebe Nation, aber das ist wichtig, um die Rentendiskussion zu verstehen.

Denn diese Zahlen sind für die Rente insofern ein Problem, weil wir in Deutschland einen sogenannten Generationenvertrag haben. Die arbeitenden Menschen sorgen für die, die es nicht können, die Kinder und Senioren. Bei der Rente im Allgemeinen kann man also sagen: Jung finanziert Alt. Das Prinzip ist ein Umlageverfahren, bei dem Angestellte und Arbeiter monatlich einen Prozentsatz ihres Gehaltes in die gesetzliche Rentenkasse einzahlen. Diese ist keine Sparkasse, das heißt, das Geld wird nicht gespart, und es wird auch kein Profit daraus gezogen, keine

Zinsen, keine Spekulationen, sondern es wird gleich wieder an die Rentner weitergegeben beziehungsweise verteilt. Wenn die zahlenden Erwerbstätigen selbst in Rente gehen, werden sie von der nächsten Generation versorgt. Das System ist riesig und leistet Riesiges: Nach Angaben der Rentenversicherung nahm diese im Jahr 2018 293,8 Milliarden Euro ein, darin inbegriffen ist mit 203,2 Milliarden der Anteil der Arbeitnehmer und Arbeitgeber, der Rest kommt aus Bundeszuschüssen, also aus Steuern und Erstattungen. Der komplette Betrag wurde ausgeschüttet, 86 Prozent für Renten, der Rest für Reha, Verwaltung usw. Im Moment sind 54,45 Millionen Menschen versichert. Es gibt 21 Millionen Rentner mit Ansprüchen in Deutschland, und mehr als 1,75 Millionen Menschen, die in ihrer Arbeitszeit in Deutschland eingezahlt haben, beziehen im Ausland eine Rente, wie zum Beispiel die ehemaligen Gastarbeiter.[30]

Als dieser Generationenvertrag 1957 von Konrad Adenauer eingeführt wurde, kamen vier Erwerbstätige auf einen Rentner. 2016 waren es nur noch zwei. Was heißt das genau? Angenommen, fünf Menschen gehen auf eine Wanderung ins Grüne hinaus, vielleicht hinauf auf einen Berggipfel. Aber dann stürzt einer von ihnen und verletzt sich schwer. Die anderen vier Wanderer können aus Holz und Kleidung eine Trage für ihn bauen. Das nächste Krankenhaus ist einen Kilometer weit weg, aber es ist realistisch, ihn dorthin zu bringen. Sind es aber nur noch zwei Wanderer, gestaltet sich das schwieriger und anstrengender für alle. Es kommt auf ihre Kraft an, aber sie kann reichen. Wenn jedoch in Zukunft, wie erwartet, nur noch ein Beitragszahler auf einen Rentner kommt, wird der verletzte Wanderer wahrscheinlich auf der Strecke bleiben.[31]

Wie konnte es zu diesem demografischen Debakel kommen? Die Deutschen werden nicht nur immer älter, sondern sie bekommen auch weniger Kinder als früher. Zum einen ist also die Lebenserwartung gestiegen und hat sich innerhalb von 100 Jahren verdoppelt. Seit 1949 leben Männer ab Geburt 13,8 Jahre und Frauen 14,7 Jahre länger als zuvor. 2015/2017 beispielsweise wurden Frauen im Durchschnitt 83,2 Jahre alt.[32] So sagt die Deutsche Rentenversicherung: »Während die steigende allgemeine Lebenserwartung eine sehr erfreuliche Tatsache ist, stellt sie für die Alterssicherung eine Herausforderung dar. Die durchschnittliche Rentenbezugsdauer bei den Versichertenrenten lag 2017 bei den Männern bei 17,9 Jahren, bei den Frauen bei 21,8 Jahren.«[33] Das sind bei den Frauen beispielsweise fast zehn Jahre mehr als noch im Jahr 1966. Also auch zehn Jahre mehr, die bezahlt werden müssen.[34]

Zum anderen wird das Verhältnis zwischen Jung und Alt von der Geburtenrate beeinflusst. Im Durchschnitt hat jeder Erwachsene nur 0,68 Kinder. Also kein Kind, das Kind kann man ja nicht teilen. Aber Spaß beiseite, es wird gesagt, man bräuchte 1,05 Kinder, damit die Bevölkerung erhalten werden könne.[35] Während 1964 mit 1 357 303 Geburten im Jahr der Höhepunkt in Deutschland festzustellen war,[36] folgte 2011 mit 662 685 Geburten der Tiefpunkt.[37] Dafür sind sowohl die Anti-Baby-Pille als auch die veränderten Lebensbedingungen der Männer und Frauen verantwortlich. Seien wir ehrlich: Ein Kind ist ja auch sauteuer. Um die 100 000 Euro kostet ein Balg bis zu seinem achtzehnten Lebensjahr. Da sieht man schon, das Wort »Balg«. Sind wir etwa ein kinderfeindliches Land? In einer Studie des BDO International BusinessCompass (IBC) stellte Deutschland einen traurigen Rekord auf: In keinem anderen Land der Welt werden weniger Kinder als in Deutschland geboren. Dies bezog sich auf das Jahr 2015, in dem es pro 1000 Bewohner nur 8,3 Geburten gab.[38] Wenn also die 1964 Geborenen, auch Babyboomer genannt, etwa 2030 in Rente gehen, dann wird unser Sozialsystem unbestreitbar vor Herausforderungen gestellt. Die EU-Kommission prognostizierte, man müsste bis 2060 für Leistungen wie Rente, Pflege und Gesundheit doppelt so tief in die Tasche greifen, etwa eine Billion Euro jährlich.[39] Wie nun Zombie-Apokalypse und die Zombies vertreiben? Der Statistikprofessor Gerd Bosbach sagt: »Die Wahrheit ist: Wie groß die Bevölkerung in 50 Jahren sein wird, das weiß heute niemand.« Manche würden die Demografie zu einem Dämon stilisieren, obwohl ihre Entwicklung das nicht hergebe. Der Autor des Bestsellers *Lügen mit Zahlen* meint, dass die Zahlen des Statistischen Bundesamts bei den Bevölkerungsvorausberechnungen schwanken. Im Dreijahrestakt werden die früheren Werte angepasst, meist um mehrere Millionen Menschen. Zwischen den Jahren 2010 und 2013 wuchs die Bevölkerung in Deutschland sogar um 100 000 Menschen.[40] Die Richtung mag jedoch stimmen: mehr Rentner, weniger Junge. Einige Vermutungen wird man verifizieren müssen. Man weiß, wie viele Menschen geboren worden sind und wie viele Erwerbstätige und Rentner es in naher Zukunft geben wird. Was aber nicht sicher ist, ob man das Ruder noch herumreißen kann, sei es in Kürze, ab 2030 oder auch erst ab 2060. Ist es wirklich so aussichtslos? Und hilft es, Alt gegen Jung auszuspielen? Selbst für den Fall, dass das Umlagesystem nicht funktionieren wird, dann ist die Frage ja nicht, ob wir das finanzieren, sondern wie wir das finanzieren wollen. Wollen wir den einen Wanderer, den wir allein nicht ins Krankenhaus schleppen können, hart gesagt, krepieren lassen? Jeder anständige, fortschrittliche Mensch muss doch auf diese rhetorische Frage mit Nein antworten. Nein, wir schauen nicht zu, wie die Menschen leiden. Wir holen Hilfe und diskutieren nicht lange. Aber es wird genau das Gegenteil davon gemacht. Alt gegen Jung wird ausgespielt. Es wird diskutiert, während die Menschen in dieser Zeit um Hilfe bitten, während die Menschen *uns alle* um Hilfe bitten, und es vergehen Sekunden, Minuten, Stunden, Tage, Jahre, Jahrzehnte.

Dabei geht das Thema alle an. Wolfgang Streeck, Soziologe und Leiter des Max-Planck-Instituts für Gesellschaftsforschung in Köln, hat das treffend formuliert: »*Im Mittelpunkt der ganzen Aufregung steht ja der Wohlfahrtsstaat. Und was das Interesse daran betrifft, sehe ich keinen großen Unterschied zwischen den Generationen. Alle werden einmal Rentner und Pensionäre sein, weshalb alle ein Interesse an einem funktionierenden Rentensystem mit einigermaßen ordentlichen Renten haben. Die Jüngeren wissen, dass die staatliche Rente sie davor bewahrt, finanziell für die Eltern direkt einstehen zu müssen. Daher werden zum Beispiel auch höhere Pflegeversicherungsbeiträge akzeptiert. Die Bildungs- und Arbeitschancen der nachwachsenden Generation sind andererseits ein Thema, das auch für die Alten wichtig ist. Warum sollte das alles anders werden, wenn nun die Rentnergeneration wächst?*«[41]

Somit ist auch der Altenputsch nicht zu erwarten, vor dem Wolfgang Gründiger von der Stiftung Generationengerechtigkeit warnte. Er meinte, die Älteren würden die politische

Agenda bestimmen, und man müsse aufpassen, dass die jüngere Generation nicht unter den Tisch falle. Zwar wird die Wählerschaft der älteren Deutschen immer wichtiger, bei der Bundestagswahl 2017 lag die Beteiligung der 60- bis 69-Jährigen bei 81 Prozent. Der Durchschnitt liegt bei 76 Prozent,[42] aber das heißt ja nicht, dass dann nur noch Altenpolitik gemacht wird. Auch wenn manche sagen, dass all die Verbesserungen in der Rentenpolitik, wie zum Beispiel die »satte« jährliche Erhöhung wegen der Inflation oder die Mütterrente, gemacht worden sind, um die Wählerschaft der Rentner für sich zu gewinnen. Und dass sie zugunsten der reichen Rentner und zulasten der Jungen ausfielen. Aber die Jungen werden, wie gesagt, auch alt, und dann werden sie von den gleichen Änderungen leben. Änderungen, die rein gar nichts mit »Reichtum« zu tun haben, sondern mit Notwendigkeit.

Während in anderen Ländern, beispielsweise in den Niederlanden, 100 Prozent von dem ausgezahlt werden, was man im Arbeitsleben verdient hat, ist das hierzulande im Durchschnitt nicht einmal die Hälfte. Wer sagt außerdem, dass all diese Kosten zwangsläufig auf die nachfolgenden Generationen abgewälzt werden müssen? Das wird gerne behauptet, und damit wird nicht nur ein Generationenkonflikt, sondern ein Generationenkrieg heraufbeschworen. Die Erwerbstätigen fragen sich: »Was wird aus mir? Ich zahle mein Arbeitsleben lang für die Rentner und bekomme wenig oder nichts, wenn ich selbst einmal Rentner bin.« Oder es ist von »Lohnraub« die Rede, wenn damit argumentiert wird, dass, um die Älteren zu versorgen, die Rentenbeiträge steigen müssen und dadurch den Jüngeren zu viel vom Gehalt abgezwackt wird. Aber: Das ist dann doch nicht nur ein Problem der Jungen. Ich verstehe das Rumgenöle nicht, Jung zahlt für Alt. Das machen wir seit Rentengedenken, seit Jahren gehe ich doch arbeiten und zahle in die Rentenkasse, damit mein Vater zum Beispiel seine Rente bekommt. Und alle anderen Menschen machen das auch. »Die Rentner von heute waren die Beitragszahler von gestern, und die Beitragszahler von heute sind die Rentner von morgen.«[43] Willkommen im Leben, sage ich dazu. Wenn die Rentenbeiträge erhöht werden, werden sie für alle erhöht, auch für mich. Auf meinem neuen Bescheid steht ja nicht: »Frau Holtkotte, Sie sind jetzt 50, deshalb dürfen Sie einen geringeren Beitrag zahlen.« So zähle ich relativ gesehen auch zu den Jungen. Außerdem gibt es momentan einen Nachhaltigkeitsfaktor in der Rentenformel, mit der berechnet wird, wie viel jeder Rentner bekommen wird. Mit diesem Faktor bekommen die Rentner weniger Rente und die Arbeitnehmer zahlen höhere Beiträge. So werden beide zur Verantwortung gezogen. Aber das kann nicht die Lösung sein. Ich trete dafür ein, dass es Alt und Jung gut gehen soll. Ich plädiere für ein stabiles Rentenniveau, wenn nicht sogar für ein Rentenniveau, das deutlich angehoben werden muss, und für stabile Beiträge. Wenn dann alle genug verdienen, können auch höhere Beiträge gezahlt werden. Wunschdenken?

Es gibt andere Stellschrauben, die man an der Rente drehen kann. Denn die demografischen Fakten, die sinkende Geburtenrate, zeigen nicht das Ende der Rente auf, wie wir sie momentan kennen. Wie Norbert Blüm sagte, ihr Überleben hängt nicht von der Zahl der Geburten ab, sondern davon, »ob die, die geboren werden, Arbeit haben und wie produktiv sie sind«. Sonst wären die Menschen im Kongo hervorragend im Alter abgesichert, weil dort die Geburtenzahl sehr hoch sei. Zur Produktivität bei uns in Deutschland: 1900 hätte ein Bauer drei Angestellte ernährt, heute 88. Wenn nur die Geburtenzahl relevant wäre, wären wir alle verhungert, polemisiert er.[44] Es geht also nicht nur um das Verhältnis von Jung und Alt, sondern auch um das von Beitragszahlern und Empfängern. Hier gibt es großes Potenzial, jedoch muss die Politik aktiv werden und Migranten, Langzeitarbeitslose und Frauen besser in den Arbeitsmarkt integrieren. Arbeit könnten die Menschen also haben, aber wie produktiv sind sie in Zukunft? Zahlreiche Studien gehen von einer höheren Produktivität aus, die eine Realeinkommenssteigerung bedeute. Selbst wenn diese auf dem heutigen Niveau verbliebe, wäre eine den Lebensstandard sichernde Rente möglich.[45] Die Arbeitgeber müssten jedoch ihre Gewinne mit ihren Arbeitnehmern auch teilen.

In den Fünfzigerjahren gab es solche Umstände schon einmal: Die Demografie verschob sich zugunsten der Älteren, aber die Wirtschaft boomte. Also genau wie jetzt. Der Unterschied: Damals wurde ein »Teil dieses zusätzlichen Wohlstands – ohne Wohlstandsverlust der Erwerbstätigen [...] – an die zusätzliche Zahl älterer Menschen weitergegeben [...]. Diese Feststellung zeigt, dass das solidarische Umlageverfahren auch in alternden Gesellschaften funktioniert.«[46]

Und es zeigt darüber hinaus, dass es sich eher um einen Verteilungskonflikt als um einen Generationenkonflikt handelt. Die Einkommen steigen, aber bisher wurde nicht genügend umverteilt. Es liegt in unserer aller Verantwortung, dass alle etwas Macht und Geld abbekommen. Es liegt in unserer Verantwortung, den Generationenvertrag zu erfüllen, auch wenn es kein richtiger Vertrag ist. Es ist nichts unterzeichnet, aber es handelt sich um ein Versprechen des Sozialstaats. Man wird einwenden: Da spricht mal wieder eine Alte. Abgesehen davon, dass ich erst in 20 Jahren in Rente gehen werde, lassen wir doch einen noch jüngeren Menschen und Politiker zu Wort kommen, nämlich Kevin Kühnert von den Jungsozialisten (SPD), der gerade ohnehin in aller Munde ist: »Der Generationenvertrag ist ein ungeschriebenes Gesetz. Er symbolisiert, dass sich die Generationen gegenseitig in allen Lebenslagen stützen. Frieden, Demokratie, Bildung, Erziehung und Aufstiegschancen für die Jüngeren. Sicherung des Lebensstandards, Rente, Pflege, Respekt und Teilhabe für die Älteren. Ermöglicht jeweils durch diejenigen, die mitten im Leben stehen, arbeiten gehen und unseren Wohlstand mehren – in der Gewissheit, dass es ihnen später durch Solidarität zurückgezahlt wird. Dieses Prinzip funktioniert überwiegend noch ganz gut. Angegriffen wird es nicht etwa dadurch, dass Rentnern nach 35 oder mehr Jahren in Arbeit ein Mindestmaß an Respekt entgegengebracht wird, wie es der Arbeitsminister nun vorschlägt. Angegriffen wird der Generationenvertrag vielmehr durch den Raubbau an unserer Natur, durch Bildungsgebühren, massenhaft befristete Arbeitsverträge für Berufseinsteiger und die Unklarheit, wie es mit der Rente nach 2025 weitergeht. Doch dagegen habe ich die aufgeregten Schlipsträger, die nun empört aufheulen, noch nie rebellieren gehört. So wenig es bei der Grundrente um einen Generationenkonflikt geht, so wenig kämpfen diese Leute für junge Menschen. Sie kämpfen nur gegen das Versprechen des Sozialstaates auf Respekt. Sie greifen ihn politisch an.«[47]

Diesen Angriff müssen wir abwehren. Wir müssen auf die Belange von Jung und Alt schauen. Und unser Augenmerk auf Arm gegen Reich lenken.

Arm gegen Reich

Was ist dran an der Aussage, dass es sich um einen Verteilungsstatt um einen Generationenkonflikt handelt? Gibt es etwas zu verteilen? Wie groß ist der Kuchen? Bevor wir hier über Schwarzwälder Kirschtorte fantasieren, gehe ich sofort zum Fakt über: die »Jahrhundertungleichheit«. Diese habe ich bereits im »Auftakt« erwähnt, und sie besagt laut dem World Inequality Report, dass die Schere zwischen Arm und Reich in Deutschland so groß ist wie vor 100 Jahren.[48] Eine Studie des Instituts für Wirtschaftsforschung (ifo) zeigt, dass die Bruttoeinkommen wirklich sehr ungleich verteilt sind. Unter den 20 OECD-Staaten, also den Ländern die allesamt wirtschaftlich gut entwickelt sind, ist die Schere nur in drei anderen Ländern größer.[49]

Lenkt man den Blick vom Einkommen auf das Vermögen, sieht es auch nicht besser aus: Die 45 reichsten Haushalte besitzen so viel wie die ärmere Hälfte der Bevölkerung, das sind 20 Millionen Menschen. Beide kommen auf 214 Milliarden Euro Vermögen im Jahr. Betrachtet man nun nur die reichsten 5 Prozent, dann sieht man, dass diese mehr als 50 Prozent des gesamten Nettovermögens für sich beanspruchen. Damit ist die Ungleichheit – am Vermögen gemessen – in Deutschland größer als in anderen vergleichbaren europäischen Ländern.[50] Das ist keine Schwarzwälder Kirschtorte, sondern eine dicke, fette Sachertorte, von der man nur einen Bissen abbekommt. Das sind Hammerzahlen. Vor allem, wenn man die denen gegenüberstellt, die am untersten Ende der Nahrungskette stehen.

Fast jeder fünfte Deutsche ist armutsgefährdet, das entspricht 19 Prozent und 15,5 Millionen Menschen.[51] Andere Studien beziffern die Zahl der Armen in Deutschland auf 15,8 und 16,8 Prozent, die abweichenden Prozentzahlen ergeben sich aus unterschiedlichen Erhebungen. Man weiß jedoch, dass mindestens 13,7 Millionen Menschen am Existenzminimum leben.[52] Was bedeutet in diesem Zusammenhang arm? Eine Person gilt als arm oder sozial ausgegrenzt, wenn mindestens eines von drei Kriterien auf sie zutrifft. Verdient sie weniger als die Armutsgefährdungsgrenze? 2017 lag diese für Alleinstehende bei 1096 Euro netto und für zwei Erwachsene mit zwei Kindern unter 14 Jahren bei 2302 Euro netto monatlich. Das zweite Kriterium ist, die »erhebliche materielle Entbehrung«. Das trifft zu, wenn Menschen die Miete nicht zahlen, nicht heizen und auch nicht eine Woche in den Urlaub fahren können. Ich war übrigens das letzte Mal vor fünf Jahren im Urlaub, in Italien, und das auch nur, weil meine Freundin dort ein Elternhaus hat. Das dritte Kriterium, das anzeigt, ob jemand in Deutschland arm ist: eine sehr niedrige Erwerbsbeteiligung. Diese weist jemand auf, der zwischen 18 und 59 ist und weniger als 20 Prozent seines Einkommens durch eigene Arbeit erzielt. Das sind etwa 8,7 Prozent der Deutschen. Die SILC-Studie zeigt weiterhin, wie Armut sich konkret auswirkt. 18,4 Prozent können ihre Wohnung nicht ausreichend heizen, und 30 Prozent der Arbeitslosen haben Schwierigkeiten, sich jeden zweiten Tag eine vollwertige Mahlzeit zu leisten. Das ist schlimmer, als nicht in Urlaub zu fahren.[53]

So viel zu den Aussagen, die Menschen ihre Nöte absprechen. Erst kürzlich gab es eine Diskussion darüber, dass der Hartz-IV-Satz mehr als genug sei. Die Arbeitslosen sollten einfach weniger rauchen und so weiter. Sind Menschen, die arm sind, Menschen dritter Klasse? So kommt es einem vor, wenn man solche Einwände hört. Faule Hartzer, asoziale Schmarotzer. Ja, ich muss zugeben, dass auch ich mich manchmal aufrege. Und klar, ich kenne sie auch, die besonders Pfiffigen, die vom Arbeitsamt ins Krankenhaus geschickt werden und lediglich einen Schein unterschrieben haben wollen, um zu zeigen, dass sie sich beworben haben, obwohl sie es nicht einmal versucht haben.

Wir leben in einem sozialen Land, in dem jeder seinen Teil beitragen sollte, wenn er es denn kann. Ich möchte mit meinen Abgaben keinen finanzieren, der es selbst könnte. Das System soll mit seinem Netz diejenigen auffangen, die fallen, und nicht jene, die springen. Aber bei solchen Überlegungen läuft man Gefahr, aus den Augen zu verlieren, was die Gründe für Armut und Altersarmut sind. Man konzentriert sich lediglich auf das »Nach unten Treten«. So tun es auch einige Arme, die sich über die noch Ärmeren beklagen. Es gibt beispielsweise Niedriglöhner, die über die Arbeitslosen schimpfen, und Arbeitslose, die über die Flüchtlinge schimpfen. Jeder würde dem anderen etwas wegnehmen. Fakt ist aber, wie bei den anfangs erwähnten Zahlen aufgezeigt wurde, dass das Problem nicht Arm gegen Arm ist. Schauen wir uns doch mal an, wer armutsgefährdet ist und warum, um möglicherweise Stereotypen zu widerlegen. Nach Angaben des Statistischen Bundesamts sind das Arbeitslose, Alleinerziehende und Singles.[54] Die Menschengruppen, die im Alter arm sind, sind ähnlich. Die Bertelsmann Stiftung und das

Deutsche Institut für Altersvorsorge legten dazu im Jahr 2007 zwei Studien vor, die belegen, dass es aller Wahrscheinlichkeit nach Ostdeutsche, Menschen mit geringen Qualifikationen, Langzeitarbeitslose, alleinstehende Frauen, Migranten, Kranke und Selbstständige sind.

Das Risiko, im Alter zu verarmen, liegt an dem Einkommen, das man größtenteils während seines Arbeitslebens erhält – die Rente ist abhängig von der Höhe des Gehalts. Natürlich gibt es auch Menschen, die wenig verdient haben, aber auf anderem Weg Vermögen erworben oder geerbt haben oder durch ihren Partner abgesichert sind.[55] Während Kindererziehung, Arbeitslosigkeit oder Krankheit werden sie oft von ihren Partnern finanziell unterstützt. Deshalb tauchen auch Ledige in der Liste auf, weil sie oft alleinerziehend sind und nur einen Teilzeitjob haben, worauf wir später noch eingehen werden.

Langzeitarbeitslose trifft es natürlich besonders hart, weil sie keine Einnahmen haben, aber auch weil der Staat nichts für ihre Rente tut, bei Hartz IV beträgt der Rentenanspruch 2,19 Euro im Monat. Wenn sie wieder einen Job finden, wird es schwer, diese Lücke zu stopfen. Zusätzlich werden Langzeitarbeitslose dazu»gezwungen«, frühzeitig in Rente zu gehen, wenn es sich anbietet, auch wenn sie Abschläge in Kauf nehmen müssen und die Rente dadurch kleiner wird.

In die Altersarmutsfalle geraten auch viele, die sich selbstständig gemacht haben. Der Rentenexperte Bert Rürup spricht von einer Massenflucht.[56] 1-Mann-Unternehmen haben häufig keine großen Einnahmen und sind auch nicht verpflichtet, sich gesetzlich zu versichern. Menschen mit Erwerbsminderung schlittern ebenfalls in die Armut, weil sie kein Einkommen und geringe Rentenansprüche haben (weil sie auf nicht genügend Beitragsjahre gekommen sind). Bürger aus den östlichen Bundesländern sind im Alter oft arm, weil die Arbeitsmarktsituation nach der Wende nicht besonders rosig aussah.

Geringqualifizierte hingegen sind armutsgefährdet, weil sie meist zu wenig verdienen oder arbeitslos sind. 2011 gab das Institut für Arbeitsmarkt- und Berufsforschung bekannt, dass fast die Hälfte (45 Prozent) aller Arbeitslosen in Deutschland keinen Abschluss haben. Je schlechter die Menschen ausgebildet sind, umso schlechter ist ihre Position auf dem Arbeitsmarkt, ihr Einkommen und damit auch ihre spätere Rente. Sie verdienen in ihrem Leben beinahe eine Viertelmillion Euro weniger als Menschen, die eine Berufsausbildung haben.[57]

»Hättest eben mal etwas Anständiges gelernt!«, habe auch ich schon gehört. Da krieg ich einen Fön. Wer sagt denn, dass wir nichts gelernt hätten? Wir haben vieles im Leben gelernt und außerdem: Ist das die Entschuldigung, um Menschen auszubeuten? Brauchen wir denn keine Straßen, keine Kindergärten, keine Altenheime? Dort arbeiten übrigens auch Menschen, die durchaus eine Ausbildung erhalten haben, aber trotzdem zu wenig verdienen. Wo sind wir denn gelandet – in Amerika? Nach der Maxime, hilf dir selbst, sonst hilft dir keiner, zahl deine Tabletten selbst und ackere für den Wohlstand. Aus den USA kommt auch der Begriff »working poor«. Fast jeder Fünfte arbeitet bei uns im Niedriglohnsektor, im Osten Deutschlands ist es sogar jeder Dritte. Wer unter zehn Euro die Stunde verdient, gilt als Niedriglöhner, der Mindestlohn ändert nichts an diesem Status, da er bei 9,19 Euro liegt. Die Politik hat diese Entwicklung begünstigt. Seit der Hartz-IV-Reform arbeiten beispielsweise eine Million Leiharbeiter, die unter Tarif bezahlt werden, davor waren es 600 000 Menschen weniger.[58]

In den letzten Jahren haben außerdem »atypische Beschäftigungsverhältnisse« zugenommen, zum Beispiel befristete Verträge. Das betrifft allerdings eher Menschen mit mittleren und geringen Einkommen, für Menschen mit hohen Einkommen ist sogar ein Rückgang solcher Beschäftigungsverhältnisse zu verzeichnen.[59] Da ist es kein Wunder, dass die Prognosen lauten: Die Armutsquote wird bis 2030 um 10 bis 20 Prozent zunehmen.[60] Und schon jetzt seien die Prozentzahlen der Menschen, die als arm gelten, seit der Wiedervereinigung auf dem Höchststand, heißt es im Armutsbericht des Paritätischen Gesamtverbandes. Obwohl wir in Deutschland von einer guten Wirtschaftslage sprechen. In dem Bericht heißt es bestätigend: »Armutsentwicklung und Wirtschaftsentwicklung haben sich angesichts blendender Wirtschaftsdaten sichtlich entkoppelt. Das Gleiche gilt für die guten statistischen Ergebnisse auf dem Arbeitsmarkt. Der Anstieg der Armut erfolgt trotz abnehmender Arbeitslosenquote und trotz zunehmender Erwerbstätigenzahlen. Mit anderen Worten: Die Armut ist hausgemacht. Wohlstand und Reichtum wachsen, doch wächst ebenso die Ungleichheit in diesem Lande.«[61]

Da muss man sich doch an den Kopf fassen und fragen, was da schiefläuft. Warum profitieren nicht alle vom Aufschwung und der Rekordbeschäftigung? Viele Menschen werden nicht nach Tarif bezahlt. Obwohl Unternehmen schwarze Zahlen schreiben, bekommen viele Arbeitnehmer nichts davon zu spüren. Insgesamt arbeiten ganz alte und ganz junge Menschen eher in schlechter bezahlten Jobs. Frauen verdienen immer noch weniger als Männer. Und die Globalisierung lässt auch Geringqualifizierte schlechter dastehen, da oft die Konkurrenz aus den Billiglohnländern eingestellt wird. Ist die Ausbeutung womöglich eine Bedingung für den Reichtum? In der ägyptischen und römischen Hochkultur schleppten die Sklaven Steine für die Pyramiden und das Kolosseum, während die anderen Trauben aßen und in Milch badeten. Heute, könnte man meinen, sind es nicht der Adel und der Klerus, sondern die Konzerne und das Prekariat.

Somit ist das Problem nicht Arm gegen Arm, sondern eher Arm gegen Reich. Aber auch das sollte kein Gegeneinander bedingen. Eine OECD-Studie besagt sogar, dass die Wirtschaft wächst, wenn die Ungleichheit bei den Einkommen vermindert wird. Das wäre doch gut für alle, oder? Dadurch, dass die Einkommen momentan so ungleich verteilt sind, rechnet die Studie sogar aus, dass die Wirtschaftseinbußen in den letzten 25 Jahren bei ganzen 8,5 Prozent des Bruttoinlandsprodukts liegen. Das wären in Deutschland 40 Milliarden Euro im Jahr.[62] Die IWF-Studie meint unabhängig davon: »Wenn der Anteil der Top 20 Prozent (der Reichen) an den Einkommen steigt, nimmt das Wirtschaftswachstum mittelfristig ab.«[63]

Was jetzt? Reiche enteignen? Den Kommunismus einführen? Quatsch. Ich sage immer: »Du musst gönnen können.« Jeder gestaltet sich sein Leben mit dem Geld, das er verdient. Und wenn der eine etwas luxuriöser lebt als der andere, dann ist es eben so. Ich gönne es auch meinen Freunden, wenn die mehr verdienen als ich. Und ich habe viele Freunde, die gut verdienen, sie sind Führungskräfte oder bei der Deutschen Bahn. Das Geld steht nicht zwischen mir und anderen. Ich gönne es auch einem Arzt, der täglich für ein Menschenleben verantwortlich ist, dass er mehr Geld verdient als ich. Auch Manager haben etwas dafür getan, um die Karriereleiter emporzusteigen, um mehr Geld zu verdienen. Ich frage mich allerdings, wie viel muss man tun, um Milliarden zu verdienen? Irgendwann gerät das in ein Ungleichgewicht und ein Missverhältnis, das auch nichts mit Sozialneid zu tun hat, sondern mit krasser Ungerechtigkeit. Ich kaufe seit Jahren nicht mehr entspannt ein, ich laufe mit einem Taschenrechner im Kopf durch den Laden und kann mir nicht immer Frischmilch leisten. Und der VW-Chef verdient zehn Millionen im Jahr. Davon wird er aber auch nicht glücklicher – eine Studie zeigte, dass ab einem bestimmten Einkommen Geld nicht zufriedener macht.[64] Seine Mitarbeiter dagegen wären wohl zufriedener, und ein Unternehmer muss sich darüber klar werden, dass er auch nur durch sie diesen Gewinn abschöpfen kann. Laut dem Deutschen Institut für Wirtschaftsforschung schrumpft die Mittelschicht zusehends: In den letzten zehn Jahren gab es immer mehr Arme, mehr Reiche und weniger dazwischen.[65] Ich stelle mir bildlich vor, dass es also bald nur noch Arme und Reiche gibt: Auf dem Boden stehen Menschen, die wenig verdienen und alle zusammen ein überdimensionales Tablett tragen. Auf diesem stehen die Menschen, die sehr viel verdienen. Beide brauchen sich, um zu überleben. Wird das Ungleichgewicht aber zu groß, die Reichen obendrauf immer mehr, können die Arbeiter die Last irgendwann einmal nicht mehr tragen. Sie knicken ein, fallen und werden erdrückt. Die Reichen können ihren Reichtum so auch nicht mehr halten. Vielleicht hinkt dieses Bild etwas, und doch macht es deutlich, dass diese Form von Kapitalismus nicht greift. Dass er uns Menschen spaltet und unzufrieden macht, sogar politische Gefahren heraufbeschwört, wenn die Geduld der Menschen irgendwann zu Ende ist. Der französische Ökonom Paul Collier meint, dass der Kapitalismus uns zu einer Rottweiler-Gesellschaft gemacht habe, die den Sinn für sozialen Zusammenhalt verliere. Wir seien vom Konsum getrieben und würden uns von gegenseitigen Verpflichtungen verabschieden. An seine Stelle müsste ein sozialer Kapitalismus treten.[66] Ich sage, wir dürfen nicht zulassen, dass Arm gegen Reich uns als Gesellschaft trennt. Genauso wenig, wie Arm gegen Arm uns trennt. Der Soziologe Heinz Bude meint, Solidarität sei zu sagen: »Du hast Pech gehabt, hast vielleicht auch selber was falsch gemacht. Trotzdem helfen wir dir.« Doch die Bereitschaft habe abgenommen, weil sich die Menschen fragen, was denn das kosten solle, warum ein Alleinerziehender besser behandelt werden sollte als sie selbst, sie hätten ja auch nicht genug. »Die meisten glauben, jeder muss für sich selber sorgen, wir kriegen ja alle sowieso zu wenig. Ich kann mich jetzt nicht auch noch um andere kümmern. Und das, glaube ich, führt uns in keine gute Zukunft.«[67] Dieser Meinung stimme ich absolut zu, aber erst einmal ein Blick zurück in die Vergangenheit.

Vergangenheit gegen Gegenwart

In diesem Jahr wird die gesetzliche Rentenversicherung 130 Jahre alt, damit hat sie Weltriege und Krisen überlebt. So alt wurde nicht mal der älteste Mensch der Welt. Happy Birthday! Während einige ein Ständchen halten, möchten andere die Torte werfen, und die Versicherung selbst versucht, mit schwachem Atem die Kerzen auszupusten. Ja, sie ist geschwächt, aber nein, sie muss nicht sterben. Denn geschwächt wurde sie von der Politik selbst mit ihren Rentenreformen und versteckten Rentenkürzungen, und das ist wieder rückgängig zu machen. Schauen wir doch einmal auf das bewegte Leben der Versicherung zurück. Geht es den Rentnern heute besser oder schlechter als früher? Früher war doch alles besser, oder?

Alles fing mit Otto von Bismarck an. Der »eiserne« Reichskanzler führte 1889 die Arbeiterrentenversicherung ein, die eine der drei neuen Säulen der Sozialversicherung darstellte. Bis dahin arbeiteten die Menschen, bis sie umfielen, oder sie hatten Glück und nette Kinder. Der Mann also, der drei Kriege zu verantworten hatte, der gleiche Mann führte die erste staatliche Rente der Welt ein, die vielen als Vorbild diente. Ein sozialer Gedanke steckte dahinter, aber so sozial war er dann doch wieder nicht. Bismarck wollte die immer stärker werdende sozialistische Bewegung ruhigstellen. Außerdem half die Versicherung nicht wirklich. Erstens war die Rente sehr gering, sie belief sich auf 18 Prozent des durchschnittlichen Lohns. Aber die Beiträge, die zwischen den Arbeitnehmern und Arbeitgebern geteilt wurden, waren auch gering, sie lagen bei 1,7 Prozent. Zweitens stand die Rente nur den Arbeitern und Angestellten zu, die mindestens 30 Jahre lang Beiträge eingezahlt hatten und über 70 Jahre alt waren. Die meisten waren aber bis dahin schon längst tot. Die Lebenserwartung der Männer lag damals nämlich bei 45 Jahren.[68] Bismarck dagegen schaffte es, 83 Jahre alt zu werden, obwohl oder weil er jeden Tag zwölf Eier, fünf Flaschen Bier und zwei Flaschen Wein zu sich genommen haben soll. Sein Rentensystem basierte auf einem Kapitaldeckungsverfahren. Es wurde Kapital aus den jeweiligen Rücklagen der Beitragszahler angehäuft, und nur das, was da war, wurde an die Rentner verteilt. Dummerweise schlug nach dem Ersten Weltkrieg die Inflation zu. Die 2,12 Milliarden Mark der Deutschen Rentenbank schrumpften auf 14,6 Prozent der Summe zusammen. Das kapitalgedeckte System war zu risikoreich.[69]

Nach langem Irren und Wirren wurden schließlich das Umlageverfahren und der Generationenvertrag eingeführt, die nicht den Schwankungen des Marktes unterworfen sind. Die laufenden Beitragseinnahmen der einen Generation wurden an die nächste ausbezahlt. Zwischendurch war das immer wieder praktiziert worden, weil nicht genug Geld da war, künftig sollte es aber endgültig so gehandhabt werden. Außerdem wurden die Renten dynamisch, sie wurden an die Lohnentwicklung angepasst und sollten nicht länger nur ein Zubrot sein, sondern zum Leben ausreichen. Und das taten sie auch, vom Wirtschaftswunder profitierten auch die Rentner. Das war 1957 und geschah unter Konrad Adenauer: nach Bismarck, der zweite Meilenstein der Rentengeschichte. 1972 schließlich konnten auch Hausfrauen und Selbstständige sich gesetzlich rentenversichern lassen. Die Regierung ermöglichte, auch im Nachhinein Ansprüche zu stellen, und zahlte somit nach. Außerdem wurde die Altersgrenze flexibel: Frauen und langjährige Versicherte konnten schon ab ihrem 63. Lebensjahr zu Rentnerinnen und Rentnern werden. Menschen mit schweren Behinderungen durften mit 60 Jahren in Rente gehen.

1986 wurden Männern und Frauen bei der Hinterbliebenenrente die gleichen Rechte eingeräumt, und Kindererziehungszeiten wurden zu den Beitragsjahren zugerechnet. Das war doch schon sozialer und gerechter als zu Bismarcks Zeiten. Wie entwickelte sich alles weiter? Oder entwickelte es sich zurück? Im Jahr 1986 ließ sich Bundesarbeitsminister Norbert Blüm für seine Kampagne dabei ablichten, wie er eines von 15 000 Plakaten auf Litfaßsäulen klebte. Darauf war zu lesen: »Denn eins ist sicher: die Rente.« Oft sprach man ihm für diesen Satz eine Rüge aus, denn danach ging es bergab. 1992 folgte nach der Inflation die zweite Rentenkrise, diesmal hausgemacht. Die Renten fielen niedriger aus, da Erhöhungen sich nicht mehr auf den Bruttolohn bezogen, sondern auf die Nettosumme aufgerechnet wurden. Außerdem wurde das Renteneintrittsalter von 63 wieder auf 65 angehoben. Diejenigen, die früher in Rente gehen, mussten auf einen jährlichen Abschlag von 3,6 Prozent ihrer Rente verzichten.[70]

Kurz nach dem Millennium wurde es nicht besser. Die Konjunktur sank, die Arbeitslosigkeit stieg, und so sah sich der Gesetzgeber in der Verantwortung zu handeln. Zudem war das Schreckgespenst der Demografie präsent: Die nachfolgende Generation sollte nicht zu stark belastet werden. Was dann passierte, spaltet sowohl Politiker als auch Rentenexperten. Die einen sagen, das war alles richtig; die anderen meinen, man hätte auf die Not anders reagieren müssen – und hätte es auch gekonnt. Wie wurde letztendlich reagiert? Mit langen Jahren der Einsparmaßnahmen. Ich denke, das war der Anfang vom Ende. Es begann 2001 mit einer Reihe von Reformen und Beschlüssen, die einen großen Wandel herbeiführten. Die Menschen sollten sich nicht länger auf die gesetzliche Alterssicherung verlassen, sondern auch privat und betrieblich vorsorgen. Die Berufsunfähigkeitsrenten wurden durch die niedrigeren Erwerbsminderungsrenten ersetzt. Die Witwenrente wurde um mehr als die Hälfte gekürzt, und das Rentenniveau wurde abgesenkt, unterm Strich bekamen die Rentner dann eine geringere Summe als früher. Dann förderte der Staat mit Zulagen und Steuervorteilen die private Altersvorsorge. Am 1. Januar 2002 wurde somit die Riester-Rente, benannt nach Arbeitsminister Walter Riester, eingeführt. Seit Adenauer ist diese die wohl am heftigsten diskutierte Reform. SPD-Politiker Rudolf Dreßler sagte im Nachhinein über die Schritte seiner eigenen Partei, dass niemand sich vorstellen konnte, dass Sozialdemokraten die solidarische, paritätisch finanzierte Rente zerstören würden. Das sei damals undenkbar gewesen. Er nannte es weiterhin rentenpolitischen Verrat und politische Korruption. Bundeskanzler Gerhard Schröder war die treibende Kraft hinter diesen Reformen, auch Agenda 2010 genannt. Wer Kritik äußerte, wurde diskreditiert, so nannte er die DGB-Vizechefin Ursula Engelen-Kefer »Quengelen-Keifer«.

Nachdem also die private Vorsorge entstanden war, wurde im selben Jahr, 2002, die betriebliche Vorsorge ausgebaut. Mit der »Entgeltumwandlung« konnten Arbeitnehmer steuer- und sozialabgabenfrei betrieblich vorsorgen. Die Rentenexperten Holger Balodis und Dagmar Hühne nennen diese den »größten Anschlag auf die Rentenkasse«, denn der Sozialversicherung entgehen damit mehrere Milliarden Euro im Jahr. Warum? Die Arbeitnehmer senken fiktiv ihr Bruttoeinkommen, damit haben sie auch weniger Sozialabgaben, aber auch einen niedrigeren Rentenanspruch. Somit ist die betriebliche Vorsorge für sie, aber auch für die gesetzlich Versicherten nachteilig. Denn je niedriger die Löhne, umso niedriger die Rentenhöhe, und die fehlenden Einnahmen der gesetzlichen Versicherung lassen den Beitrag steigen und die Renten sinken.[71]

2005 wurde ein weiterer Schritt in Richtung privater Altersvorsorge getan, nun sollten Selbstständige mit der großzügig steuerlich geförderten Rürup-Rente im Alter abgesichert sein. Dabei wäre es klüger gewesen die Selbstständigen gesetzlich versichern zu lassen, das wäre allen zugutegekommen. Wenige Jahre später beschloss die Politik die Rente mit 67. Das Eintrittsalter sollte schrittweise von 2012 bis zum Jahr 2029 angehoben werden. Es betrifft diejenigen, die nach 1964 geboren wurden und weniger als 45 Jahre in die Rentenkasse eingezahlt haben. Sie müssen Abschläge in Kauf nehmen, wenn sie doch früher in die Rente gehen möchten oder müssen. Das Jahr 1964 wurde nicht zufällig gewählt, da es das Jahr der Babyboomer ist. Gehen sie in Rente, werden weniger Erwerbstätige für diese aufkommen müssen, und so können die Babyboomer – so der Gedanke – auch ihren Teil zur Aufrechterhaltung des Systems leisten. Ich halte es für einen weiteren Rückschritt und eine versteckte Rentenkürzung. Nicht alle können bis zum 67. Lebensjahr arbeiten.

2014 gab es einen kleinen Lichtblick: Das Leistungsverbesserungsgesetz wurde beschlossen, um der arbeitenden Bevölkerung mehr Anerkennung und Wertschätzung für ihre Lebensleistung entgegenzubringen. Menschen, die besonders lange versichert waren, sollen somit ohne Abschläge mit 63 Jahren in Rente gehen können. Es gibt Verbesserungen bei den Erwerbsminderungsrenten, außerdem können Eltern mehr Kindererziehungszeiten zu den Beitragsjahren der Rente anrechnen lassen (Mütterrente). Das gilt allerdings nur für Kinder, die vor 1992 geboren sind, was ich für eine Ungerechtigkeit halte. Warum nicht für alle Kinder? Es handelt sich also nur um minimale Korrekturen.

130 Jahre Rentenpolitik und fast 20 Jahre Rentenkürzungs-politik sind nun vergangen. Den aktuellen Stand der Politik, die Gegenwart, kennen wir: Koalitionsstreit. Und wie sah und sieht es finanziell bei den Rentnern aus? »Um die Rente ›zu-kunftsfest‹ zu machen, ist sie in den vergangenen Jahren umge-baut worden. ›Nachhaltigkeitsfaktor‹, ›Riester-Treppe‹, Erhö-hung des Renteneintrittsalters auf 67 Jahre – alle Änderungen liefen auf das Gleiche hinaus: Pro Kopf zahlt der Staat schritt-weise immer weniger Rente.«[72] Noch vor 30 Jahren lag das Rentenniveau bei 56 Prozent des durchschnittlichen Gehalts. Das bedeutet, wenn jemand 2000 Euro im Monat verdient hat, hat er im Alter durchschnittlich 1120 Euro erhalten. Nun sank aber seit 1970 das Rentenniveau und liegt bei derzeit 48 Prozent. In dem von mir errechneten Beispiel bekommt der Rentner nur noch 980 Euro. Es gibt Prognosen, dass das Rentenniveau auf unter 40 Prozent fallen soll, deshalb garan-tierte die SPD das derzeitige Rentenniveau bis 2025. Da dieses aber ein Durchschnittswert ist, liegt es im Einzelfall darüber oder darunter. Das aktuelle Rentenniveau sagt aber nicht aus, dass es den Rentnern momentan schlecht geht, denn 48 Pro-zent von einem hohen Lohn sind immer noch genug, und viele haben auch noch andere Einnahmen. Der Gesundheitsminis-ter und frühere Finanzstaatssekretär Jens Spahn titelt deshalb sogar: »Den Rentnern geht es so gut wie nie!«[73] Klar, man will ja nicht noch mehr Geld ausgeben. Für den großen Teil der Rentner mag dies auch zutreffen. Im Durchschnitt kann ein Rentnerhaushalt 1700 Euro ausgeben, auch wenn ihre Kauf-kraft in den letzten Jahren nachließ.[74] Paare über 65 Jahren ha-ben sogar ein Durchschnittseinkommen von 2543 Euro netto im Monat.[75]

Es gibt ja die Rentner, die bei BMW oder in einem anderen großen Unternehmen gearbeitet haben und jetzt in München edlen
Weißwein auf den eigenen Dachterrassen schlürfen. Aber dane-
ben gibt es eben auch die Rentnerin, die in München nicht einmal die Miete zahlen kann und sich nicht traut, Grundsicherung
zu beantragen und stattdessen lieber Kohlrabiblätter auskocht.
Diese Ignoranz und dieses Ausblenden seitens der Politik sind
einfach ekelhaft. Was mir auch Sorgen macht, ist die Studie des
Instituts der deutschen Wirtschaft Köln (IW). Das Einkommen
der Älteren, also der 65- bis 74-Jährigen, ist in Westdeutschland
seit Mitte der Achtzigerjahre real um durchschnittlich 52 Prozent gestiegen. Das Einkommen der Menschen unter 45 Jahren
stieg hingegen lediglich um 21 bis 31 Prozent.[76] Die heutigen
Rentner verdienen tatsächlich um einiges mehr als die Jungen
(diese Erkenntnis bringt allerdings denen, die schon heute arm
sind, herzlich wenig). Aber da die Jungen von heute die Rentner
von morgen sind, werden diese, wenn die Politik nicht reagiert,
tatsächlich weniger zum Leben haben. Denn ein niedriges Einkommen ist eben auch ein Armutsrisiko im Alter. Und da muss
die Politik ansetzen und ihre Fehler einsehen.

Private gegen gesetzliche Versicherung

Der Rückblick hat gezeigt, dass Schröders Agenda 2010 einige
Verschlechterungen statt Verbesserungen mit sich gebracht hat.
Sie senkte zwar die Arbeitslosigkeit, allerdings mit Dumping-
lohn-Jobs, die geradewegs in die Altersarmut führen. Außerdem
hat sie die gesetzliche Rente gekürzt und die Menschen in die
Eigenverantwortung gedrängt. So nach dem Motto: Die ge-

setzliche Rente haben wir leider heruntergefahren, jetzt schaut zu, wie ihr selbst zurechtkommt. Die Lebensrealität gerade der Menschen verschlechterte sich, die es sich nicht leisten können, privat vorzusorgen, und die nunmehr auf ihre mickrige gesetzliche Rente zurückgreifen müssen. Die Reformen haben unsere Gesellschaft erst recht in Arm und Reich geteilt. Dennoch behaupten viele Rentenexperten, dass die gesetzliche Rente und zusätzlich die private Altersvorsorge der Königsweg seien. Nach den Recherchen zu diesem Buch sehe ich das noch kritischer.

Betrachtet man den Hintergrund der bekanntesten Rentenexperten, so erkennt man, dass die staatsnahen Experten sich für das Umlagesystem und die marktnahen Experten für die private Altersvorsorge aussprechen. Meinem Empfinden nach hat es etwas von leichter Verschwörungstheorie. Doch die Details, die unabhängige Rentenexperten dazu anführen, sind überzeugend. Bernd Raffelhüschen ist bekannt für seine Weltuntergangsszenarien oder jedenfalls für die der gesetzlichen Rente. Er leitet das Forschungszentrum für Generationenverträge, das kräftige Finanzspritzen von der HDI-Gerling Pensionsmanagement AG, der Union Asset Management Holding AG, Union Investment und Ergo bekommt. Bei der Letzteren sitzt er im Aufsichtsrat. Kann man seinen Studien also vertrauen, oder sind sie verzerrt? Schon vor drei Jahrzehnten sah er die gesetzliche Rente am Ende und meinte, dass der Beitragssatz bis 2011 auf 21,1 Prozent und bis 2035 auf 33,46 Prozent steigen sollte.[77] Die Politik ließ sich von solchen Studien beeinflussen. Der frühere Arbeits- und Rentenminister Walter Riester, der Namensgeber der Riester-Rente, ist heute im Aufsichtsrat der Union Investment, und früher hielt er schon Vorträge bei Versicherungen und anderen Unternehmen der Finanzbranche. Der Rentenexperte Bert Rürup, der Schröder in Sachen Altersvorsorge beriet, ist ebenfalls tief in der Finanzwelt verankert: Er sitzt im Aufsichtsrat der AXA-Pensionskasse, ist Chefökonom bei Finanzdienstleister AWD und gründete mit Carsten Maschmeyer die MaschmeyerRürup AG, die Versicherungen, Banken und Politiker zur Altersvorsorge beriet. Carsten Maschmeyer seinerseits, der frühere Chef von AWD, unterstützte seinen Freund Gerhard Schröder finanziell beim Kanzleraufstieg. Wo er gelandet ist, zeigt für mich, dass seine Interessen eher der Lobby als den Menschen galten. Er ist heute Gas- und Ölexperte bei Gazprom und Rosneft in Russland und legt immer wieder ein gutes Wort für seinen Freund Wladimir Putin ein. Ja, meine Güte, sind das denn Marionetten oder Politiker? Politiker, die Entscheidungen für ihr Volk treffen?

Dieser Einfluss und die daraus resultierenden politischen Entscheidungen führten zu den heutigen Umständen: dem 3-Säulen-Modell (gesetzliche, Betriebs-, Privatversicherung). Die Arbeitgeber und die Finanzunternehmen profitieren davon, besonders Letztere: 34 Millionen Deutsche sind privat versichert, damit nehmen die Versicherungen 90 Milliarden Euro im Jahr ein.[78] Will man das unterstützen? Jetzt denken vermutlich einige: Was sonst? Soll ich denn auf die Regierung hoffen, auf die Politik warten und im Alter versauern? Wer kann, sollte natürlich an die Zukunft denken und etwas auf die Seite legen, aber man kann Geld auch in Keksdosen legen oder in das Kopfkissen einnähen. Oder zumindest die privaten Versicherungen gründlich prüfen. Sehen wir uns doch einmal die Leistungen der Versicherer genauer an. Versicherer haben eine große Klappe, so sollen private Versicherungen den Kunden hohe Gewinne einfahren, aber was steckt dahinter? Der »Map-Report« nahm 214 Rentenversicherungsverträge unter die Lupe, nur bei zwei Verträgen zahlte die Versicherung so viel, wie sie versprochen hatte, im Umkehrschluss bedeutet das: 211-mal zahlte sie bis zu 32 Prozent weniger als in Aussicht gestellt.[79]

Versprechen müssen sie nur den Garantiezins, das heißt die Summe der eingezahlten und angesparten Rente abzüglich der Vertragskosten plus aktuellen Zinssatz. Dieser orientiert sich an der momentanen Zinsentwicklung und der wirtschaftlichen Lage der Versicherungen, die Höhe wird vom Bundesfinanzministerium festgelegt. Der Garantiezins sank jedoch im Jahr 2012 von 2,25 Prozent auf 1,75 Prozent, gerade liegt er bei 0,9 Prozent und ist damit so niedrig, dass er oft nicht einmal die Kosten, die für eine Privatversicherung anfallen, ausgleichen kann. Das sind Provisionen, Abschluss- und Verwaltungskosten, sie betragen bei den meisten privaten Versicherungen 10 Prozent der eingezahlten Summe, bei der Riester-Rente sind es sogar 20 Prozent. Zum Vergleich: Der Verwaltungskostensatz der gesetzlichen Rente liegt bei nur 1,5 Prozent. Zahlt eine Arbeitnehmerin beispielsweise 30 Jahre lang 100 Euro im Monat in eine Privatversicherung ein, so betragen die Kosten von zehn Prozent 10 000 Euro. Das heißt, die ersten zehn Jahre zahlt sie umsonst. Wenn der Garantiezins die Kosten indirekt bezahlen soll, dann müsste sie 24 Jahre lang Beiträge einzahlen.

Von fondsgebundenen Versicherungen will ich gar nicht reden, sie garantieren nichts und sind ebenfalls kostenintensiv. Beispielsweise fallen Kosten für die Ratenzahlungen für diejenigen an, die monatlich und nicht jährlich zahlen möchten. Also für fast alle, sie müssen ihre Beiträge mit 6 Prozent Zinsen zahlen, unsere Frau aus dem letzten Beispiel müsste dementsprechend 2160 Euro extra zahlen. Veräppeln kann ich mich auch selbst. Es gibt noch weitere legale Tricks, mit denen die Versicherungen die eingezahlten Beträge weiter schmälern können, statt wie versprochen zu erhöhen. So profitieren sie von Stornogewinnen. Wenn ein Kunde sich beispielsweise scheiden lässt, arbeitslos wird oder die Kinder im Studium unterstützen möchte, muss er manchmal auf die von ihm eingezahlte Summe zurückgreifen. Das kommt oft vor, 80 Prozent der Kunden kündigen ihren Vertrag vorzeitig. Erst wenn sie 13 Jahre eingezahlt haben, ist das Geld, das sie zurückerstattet bekommen, höher als die eingezahlten Beiträge. Doch die meisten kündigen nach sieben Jahren und verlieren ein Drittel ihres Geldes. Ein gutes Geschäft für die Versicherungen. So kommt es, dass viele Vertreter den Kunden eine»Umdeckung« empfehlen, sie schwatzen ihnen einen neuen Vertrag auf, da er angeblich besser sei. An den Abschlusskosten verdienten Versicherungen acht Milliarden Euro im Jahr.[80]

Dann gibt es noch die Sterblichkeitsgewinne. Ein Beispiel: Ein Mann, der 35 ist und monatlich 100 Euro einzahlt, geht mit 67 in Rente. Ihm stehen 225 Euro zu, tatsächlich würde er aber nur 170 Euro bekommen. Teilweise fällt die Rente sogar um ein Drittel geringer aus. Warum? Die Versicherung geht davon aus, dass sie die Rentner – wie in diesem Beispiel – ab dem 67. bis etwa 94. Lebensjahr unterstützen muss. Dementsprechend passt sie die Rente an, sie wird monatlich kleiner ausfallen. Tatsächlich werden aber Männer selten so alt. Dem Statistischen Bundesamt zufolge liegt die Lebenserwartung eines Mannes etwa bei 83,6 Jahren. Die Kunden sterben früher und haben weniger

Rente bekommen, den Rest streichen die Versicherungen ein: 31 Milliarden Euro waren das für die Lebensversicherungsbranche in den Jahren 2002 bis 2010.[81]

Wie schneidet die Riester-Rente ab? Sie müsste doch fairer sein, denn sie wird ja staatlich gefördert. Bis zu 17 Milliarden Euro im Jahr bekommt sie, damit Arbeitnehmer die Lücke der gesetzlichen Versicherung schließen können. Doch diese Förderung steht nicht jedem zu, nur 9,2 Millionen Versicherte wurden teilweise und 5,4 Millionen voll gefördert,[82] das entspricht 20 Prozent. Und ebenfalls 20 Prozent gehen, daran sei erinnert, für die Vertragskosten drauf. Weiterhin verspricht die Riester-Rente eine Rendite von 7,8 Prozent. Investiert der Kunde also 100 Euro im Monat müsste er 107,8 Euro zurückbekommen. Tatsächlich lag die Rendite zum Beispiel beim Marktführer Union Investment bei nur 3 Prozent.[83]

Die Rentenexperten Holger Balodis und Dagmar Hühne haben alles in ihrem Buch *Die Vorsorgelüge* erklärt und resümieren: »Wer nur durchschnittlich alt wird, bekommt bis zu seinem Tod noch nicht mal das ausgezahlt, was zum Rentenbeginn an Vermögen im Vertrag war. Berücksichtigt man noch die große Zahl an vorzeitigen Aussteigern, so machen voraussichtlich über 80 Prozent der Versicherten Verlust. Und das gilt nicht nur für Riester-Verträge, sondern für alle Formen der privaten Rentenversicherung.«[84]

Durch die Inflation besteht sogar das Risiko, gar kein Geld zu bekommen. Bei der Finanzkrise 2008/2009 verloren sowohl Versicherungen als auch Versicherte. Die Verluste der Versicherungen beliefen sich weltweit auf vier Billionen Euro. Indirekt haftete auch der Staat, der mit mehreren Hundert Milliarden Euro die Banken rettete und damit auch die Versicherungen. Wenn diese schwarze Zahlen schreiben, dürfen sie ihre Milliardengewinne behalten. Die Autoren der *Vorsorgelüge* meinen weiterhin: »Was ist an einem solchen System gerecht und vor allem: Was ist daran sicher? Sicher ist dagegen das Umlageverfahren der staatlichen Rente.«[85] Den Finanzcrash hat diese völlig unbeschadet überstanden. Da die Löhne und Gehälter der Arbeitnehmer kontinuierlich bezahlt werden, wird der Geldfluss der Wirtschaft stetig angekurbelt, und es gibt auch eine Rente, mit der man sicher rechnen kann. Die Frage, die sich mir stellt, ist nur, wie schafft man es, deren Höhe anzuheben? Dann müssen sich die Arbeitnehmer auch nicht genötigt fühlen, privat vorzusorgen. Aber wenn sie es jetzt aktuell tun müssen, dann sollten sie sich ausführlich informieren und die aufgezählten Punkte berücksichtigen, damit sie den Betrügern nicht auf den Leim gehen.

Bürger gegen Staat

Wir müssen uns den deutschen Staat beziehungsweise alle Staaten der Welt wie eine Maschine vorstellen, bei der wir Bürger die Zahnräder sind, kleine und große, und alle haben wir eine Funktion: Wir müssen ineinandergreifen, um zu funktionieren. Wem die technische Vorstellung nicht gefällt und wer es menschlicher will: Wir sind ein Körper, es gibt die fast unsichtbaren Blutkörperchen und das pumpende Herz, und dann gibt es auch noch den Pickel am Hintern. Alles hat seine Funktion. Der Pickel zeigt uns, dass wir besser auf unser Immunsystem achten müssen, denn es hält Keime und Erreger fern. Und auch Rechtspopulisten zeigen uns, dass etwas schiefläuft, und halten das Stopp-Schild hoch: So geht es nicht weiter, es muss sich etwas ändern! Der Vergleich Populisten und Pickel ist natürlich satirisch gemeint, teilweise jedenfalls. Denn einerseits dulde ich nicht, wenn jemand versucht, mit Hass die Menschen zu spalten. Und andererseits möchte ich die Menschen ernst nehmen, die aus Frust und gefühlter Alternativlosigkeit die Alternative für Deutschland gewählt haben. Denn all das, was ich bisher in diesem Kapitel aufgezählt habe, was gegeneinander arbeitet, was die Menschen bereits jetzt trennt, sorgt für Frust und weitere Spaltung. Wie ich in »Vergangenheit gegen Gegenwart« gezeigt habe, wurde die Politik nicht für die Menschen gestaltet, die es nötig haben. Sahra Wagenknecht von der Partei Die Linke bringt es auf den Punkt: »Wenn es über Jahre in einem Land eine Politik gibt, die soziale Leistungen abbaut, für soziale Verunsicherung sorgt, die am Arbeitsmarkt dereguliert, die Renten kürzt, dann gibt es, und zwar nachvollziehbarerweise, sehr viele Menschen, die sich von dieser Politik im Stich gelassen fühlen.«[86] Hier bietet sich die AfD zu gern als Tröster an. Die Ergebnisse der Forschungsgruppe Wahlen bestätigen, dass die AfD aus Protest gewählt wurde. Aus Protest gegen den Status quo. 89 Prozent der befragten Wähler meinten, dass ihre Sorgen von der CDU nicht ernst genommen werden. 60 Prozent waren nicht nur von der Union enttäuscht, sondern von allen Parteien. Nur ein Drittel wählte die AfD, weil es vom Programm überzeugt sei.[87]

Welche Sorgen haben Populisten denn? Wie überall auf der Welt sind sie verunsichert von Wirtschaftskrisen, Korruption, Globalisierung, Börsencrashs, Terrorismus, Einwanderung und lassen sich durch die Strategie der Populisten, die Angst, weiter verunsichern. So verlangt Donald Trump nach einer Mauer, die die Mexikaner von Amerika fernhalten soll, denn »sie bringen Drogen, sie bringen Kriminalität, sie sind Vergewaltiger«.[88] Für die »Fremden« in unserem Land gilt bei der AfD auch der Generalverdacht. Mitglied Thomas Goebel sagte, dass Deutschland »unter einem Befall von Schmarotzern und Parasiten« leide, »welche dem deutschen Volk das Fleisch von den Knochen fressen will«.[89] Ernsthaft? Sollten wir nicht besser wissen, wohin ein solches Verhalten führen kann? Dabei sind sich Soziologen einig, dass für das Erstarken der AfD die Flüchtlingskrise nur die Spitze des Eisbergs darstellt. Die Partei lebe »vom Unmut über die gesamte politische Entwicklung Deutschlands«,[90] das sind ja nicht ausschließlich Rassisten, auch wenn manchmal dieser Eindruck entsteht. Immerhin kritisierten 40 Prozent der AfD-Wähler bei einer Befragung, dass sich die Partei nicht genug von rechtsextremen Positionen distanziere.[91] Viele Wähler spüren einfach diesen Unmut, diese Unzufriedenheit und Ungerechtigkeit. Sie »haben das Gefühl, dass sie nicht bekommen, was ihnen zusteht, dass sie weniger bekommen als andere, dass sie zu kurz kommen«, sagt der Populismusforscher Simon Bornschier von der Universität Zürich.[92]

Da verwundert es nicht, dass die AfD besonders viele Wählerstimmen in den fünf ostdeutschen Bundesländern bekommen hat. Sie kommt dort mit 22,5 Prozent auf Platz zwei. In Sachsen nimmt die AfD sogar den ersten Platz ein.[93] Es verwundert nicht, weil es im Osten einige Probleme gab und immer noch gibt. Ostdeutsche hätten eine »posttraumatische Belastungsstörung«, die mit den »40 Jahren hinter dem Eisernen Vorhang zu tun« habe und damit, wie man nach der Wende mit ihnen umgegangen sei.[94] Doch auch die Strukturschwäche trägt zum Unmut bei. Nach der Wende sind viele in die westlichen Bundesländer gezogen, zurück blieben viele Leerstände und alte Menschen. Die Erwerbstätigen schauen dabei auf den erfolgreichen Westen und konkurrieren mit polnischen Billigkräften. So lassen ihr Armutsrisiko, ihre gebrochenen Erwerbsbiografien und ihr schlechteres Gehalt glauben, dass die AfD ihre Belange vertreten würde. Diese sei ja, wie Parteivorsitzender Alexander Gauland sagte, die »Partei der kleinen Leute«. Wenn man sich die Wähler der AfD ansieht, dann sind es größtenteils tatsächlich Arbeiter mit 21 Prozent und Arbeitslose mit weiteren 21 Prozent.

Doch nicht nur die »Abgehängten«, die »Modernisierungsverlierer«, die Arbeitslosen, die Geringverdiener wählen die AfD, sondern auch Beamte, Angestellte und Selbstständige, die bürgerliche Mitte eben.[95] Das Programm der AfD scheint auch eher für Letztere gemacht zu sein, statt den »kleinen« und »einfachen Leuten« zugutezukommen. Es hilft den Reichen, indem ein einheitlicher Spitzensteuersatz gefordert wird. Dann würde eine Krankenpflegerin mit einem Einkommen von 25 000 Euro genauso viel Steuern zahlen wie ein Manager, der 10 000 000 Millionen Euro im Jahr verdient. Außerdem will die AfD weitere Steuergeschenke für Besserverdienende ermöglichen. Aber genau das ist es ja, weshalb die Bürger sich gegen den Staat wenden, neben der Umverteilung des Respekts,[96] des »Ich werde wahrgenommen« wollen sie auch eine Umverteilung des Geldes, zumindest wollen sie wie alle vernünftig leben können. Nie zuvor war die Ungleichheit bei Einkommen und Vermögen höher. Der Grund für eine zunehmende Polarisierung sei »die hohe soziale und wirtschaftliche Ungleichheit«.[97] Also das, was ich in »Arm gegen Reich« skizziert habe. Arme Menschen fühlen sich ausgegrenzt vom täglichen Leben, ob es ein Café- oder Kinobesuch ist, oder von der politischen Teilhabe. Je schlechter jemand finanziell aufgestellt ist, umso seltener geht er wählen.[98] Viele von diesen Menschen hat die AfD für sich mobilisiert: 1,2 Millionen Menschen stimmten für sie, die in den Jahren zuvor nicht zur Wahl gegangen waren.[99] Und Armut heute wird zu Armut später führen. Das alles bedingt Unzufriedenheit und Protest. Wir müssen versuchen, den Menschen zuzuhören, sie zu verstehen, aber ihnen auch Grenzen aufzuzeigen. Denn sicher hat nicht alles mit ihren Sorgen zu tun, das ist eine Erklärung, aber keine Entschuldigung für unangebrachtes Verhalten. Trotzdem müssen wir uns mit allen Menschen auseinandersetzen, auch wenn man dafür auf die Zähne oder auf Granit beißen muss. Denn klar ist auch: Unsere Gesellschaft soll nicht intoleranter und ausgrenzender werden. Unsere Demokratie soll nicht gefährdet werden. Wir brauchen eine Gesellschaft, auf die wir bauen können, mit einer starken Politik, die für alle Menschen in unserem Land gemacht ist, ob weiß, schwarz, schwul, kinderlos, alt, jung, gebildet oder strunzdumm. Ob männlich oder weiblich.

Frauen gegen Männer

»Eines der größten Armutsrisiken ist es, eine Frau zu sein«, heißt es im Schattenbericht der nationalen Armutskonferenz. So sind Frauen im Allgemeinen mit 17,8 Prozent öfter arm als Männer mit 15,2 Prozent. Im Alter wird dieser Unterschied noch deutlicher: 20,1 Prozent der Seniorinnen und 14,9 Prozent der Senioren haben ein geringes Einkommen.[100] Wie gering, zeigte das Wirtschafts- und Sozialwissenschaftliche Institut auf. Männer haben doppelt so viel Rente wie Frauen zur Verfügung. Das ist nicht zu tolerieren. Schauen wir uns das genauer an: Männer bekommen von der gesetzlichen Rentenversicherung etwa 1154 Euro, Frauen 634 Euro im Monat. Das allein ist fast schon die Hälfte. Bei der Betriebsrente sind die Frauen noch mehr im Rückstand, aus ihr erhalten sie 240 Euro und Männer 593 Euro. Nur 7 Prozent der Seniorinnen haben eine Betriebsrente, dafür 26 Prozent der Senioren. Auch in die Privatversicherung haben weniger Frauen (2 Prozent) als Männer (5 Prozent) eingezahlt, und so stehen ihnen 311 Euro und den Männern 485 Euro zu.[101]

Sieht so eine Gesellschaft aus, in der Gleichberechtigung herrscht? Kämpfen Frauen und Männer etwa gegeneinander? Das könnte man meinen, wenn man weiß, wie wenige Frauen in den Vorständen sind und wie hoch der Unterschied beim Einkommen der Frauen ist. Bei gleicher Arbeit und gleicher Qualifikation beträgt dieser etwa 7 Prozent. Mit welcher Rechtfertigung, würde ich die sicherlich männlichen Chefs gerne fragen. Diese Antwort würde ich wirklich gern hören, denn es gibt keine, da kann man sich nur um Kopf und Kragen reden. Der gesamte Lohnunterschied zwischen Frauen und Männern beläuft sich auf etwa 21 Prozent. Das liegt daran, dass Frauen oft einen Teilzeit- oder Minijob haben.[102] Also selbst schuld? Frauen arbeiten weniger, also verdienen sie auch weniger, folglich bekommen sie weniger Rente? Frauen arbeiten nicht weniger. Vielleicht arbeiten sie sogar mehr, aber eben kostenlos. »Frauen sind aktiv und engagiert. Sie kümmern sich um die Kinder, sie pflegen alt gewordene Angehörige, sie wirken ehrenamtlich mit in der Kita oder Schule, im Sport oder in sozialen Initiativen. Sie bringen über die Hälfte mehr Zeit unentgeltlich in die Sorgearbeit ein als Männer (plus 52,4 Prozent). Als Dank ernten sie schlechte Rückkehrchancen in den Beruf, prekäre Arbeitsverhältnisse und deutlich geringere Renten«, sagt die Sprecherin der Nationalen Armutskonferenz, Barbara Eschen.[103] Das Wort unfair ist hier ein noch zu milder Ausdruck dafür. Frauen kümmern sich darum, dass alles läuft, und am Ende ihres Lebens müssen sie betteln gehen, ob beim Staat oder beim Mann.

Wir Frauen haben es uns nicht ausgesucht, Kinder zu bekommen, das muss auch mal gesagt werden. Wenn wir uns dann auch noch um sie kümmern, rächt sich das. Was ist das für eine Logik? Natürlich gibt es heutzutage zum Glück auch Männer, die Elternzeit nehmen, und Frauen, die arbeiten. Aber es geht doch nicht um eine Umkehrung. Wenn in Zukunft immer nur Männer zu Hause sein sollten, sind sie diejenigen, die am Ende mittellos dastehen sollten? Nein! Da muss eine familiäre und politische Lösung her. Die Mütterrente ist nur ein Anfang. Eltern dürfen nicht in Abhängigkeit geraten, sie müssen Verantwortung füreinander übernehmen, aber sich auch auf einen Staat und Arbeitnehmer verlassen können, die auf neue Lebensmodelle reagieren. Es kann nicht angehen, dass man zum Beispiel in einer toxischen Beziehung, einer »giftigen Partnerschaft«, verharrt, weil man sonst nicht weiß, wohin mit sich und den Kindern.

Rentenexperten und Politiker sagen immer nur, wir sollten mehr Kinder bekommen, da hätten wir nun die Quittung für diese Misere. Journalist Sven Kuntze meint sogar: »Jeder, der kein

Kind in die Welt gesetzt hat, hat damit den Generationenvertrag aufgelöst und sein Recht auf die Rente verwirkt.«[104] Da könnte ich aus der Haut fahren: Ich bin also an all dem Dilemma schuld? Seit 30 Jahren bauen die Politiker Mist, aber ich bin schuld. Ich zahle als Alleinstehende unsäglich viel mehr als Familien, ich führe mehr Steuern ab, ich zahle meine Beiträge, und jetzt soll mir sogar die Rente gestrichen werden? Es ist die Entscheidung eines jeden Mannes und jeder Frau, ob sie Kinder in die Welt setzen oder nicht. In diese Welt. In der 32,5 Prozent aller Alleinerziehenden gerade so über die Runden kommen oder nicht einmal das. Und 90 Prozent aller Elternteile, die ihre Kinder allein großziehen, sind nun einmal weiblich.[105]

In meinem Leben hat sich das mit den Kindern nicht ergeben. Klar, an ein Kind kommt man schneller als an fünf Mark. Aber allein hätte ich es nicht großziehen wollen, und ich hätte auch nicht gewusst, wie ich das zeitlich und finanziell hätte regeln sollen. Das ist keine Rechtfertigung, ich bin ja keine Gebärmaschine, aber es ist ein Grund. Dieser sollte den Ignoranten zu denken geben. Es gibt so viele Menschen, die Kinder haben möchten, aber nicht wissen, wie sie das schaffen sollen. Meine Freundin gibt für die Kita-Plätze ihrer Kinder fast so viel Geld aus, wie ich verdiene. Das kann sich nicht jeder leisten.

Als Konrad Adenauer die Rente eingeführt und gesagt hat: »Kinder bekommen die Leute immer«, konnte er nicht wissen, dass es Familien so schwer gemacht werden würde. Denn in den Fünfziger- und Sechzigerjahren sah die Welt anders aus: Es gab ein kleines Reihenhaus und in der Auffahrt einen Passat, mit dem die Familie regelmäßig zum Campen fuhr. Der Vater ging arbeiten und konnte seine Familie ernähren, und die Frau kümmerte sich um den Haushalt und die drei Kinder. Das war nicht unbedingt besser, es liefen ja nicht alle in pinkfarbenen Petticoats herum, und die Welt war nicht pink. Aber was besser war: Ein Gehalt reichte einer Familie mit mehreren Kindern zum Leben.

Heute müssen Mann und Frau arbeiten gehen, Eigentum kann man sich fast nicht mehr leisten, und man muss Abitur haben, um in dieser Gesellschaft wertgeschätzt zu werden, sowohl finanziell als auch ideell. Man hat die Schwelle fürs Kinderkriegen stetig erhöht. Arbeit ist beziehungsschädigend. Jedenfalls so, wie sie teilweise heute praktiziert wird, sodass man sich kurz mal auf dem Flur trifft. Es gibt viele Frauen, die bis Mitternacht im Supermarkt arbeiten. Ist das familienfreundlich? Wir müssen aufhören, gegen Kinderlose zu hetzen, und stattdessen ein Klima schaffen, in dem besonders Frauen gerne wieder Kinder bekommen. Es ist ein Täuschungsmanöver, wenn Kinderlose zum Sündenbock gemacht werden. Ich habe widerlegt, dass allein die Zahl der Kinder das Rentenproblem löst, es geht darum, ob die Kinder später Arbeit finden. Außerdem könnten erst einmal Frauen eine Arbeit finden, die mit dem Familienleben vereinbar ist, wenn sie es denn möchten.

Kapitel 3
Lernt voneinander! Ein Tausch

Eine Reinigungskraft im Bundestag, Berlin

Ich würde wirklich einen Tag Ministerin spielen können. Mehr oder weniger. Jedenfalls wurde ich eingeladen, einen Tag lang den Job mit dem Arbeitsminister Hubertus Heil zu tauschen, wie wir es bei *Hart aber fair* ausgemacht hatten. Später würde er einen Tag lang mit mir tauschen. Was ich von meinem Besuch in Berlin erwartete? Dass ich einen Einblick in das Politikgeschehen bekäme und die Interessen der Menschen klarmachen könnte, die sich wie ich ein anständiges Gehalt und eine ausreichende Rente wünschen. Die darüber hinaus auf gerechte Entscheidungen der Regierung hoffen, der Vertretung des Volkes.

Vor meiner Abfahrt zog ein Sturm auf. Ein Omen? Der Zug kam mit einer Verspätung von 45 Minuten in Berlin an. Es war abends, und nach acht Stunden Reise hatte ich Hunger. Das Geld war knapp, aber ich musste etwas essen. Ich ging in eine

Wirtschaft und versuchte, zur Ruhe zu kommen. Ehrlich gesagt, war ich etwas verunsichert, aber das würde ich mir am nächsten Morgen nicht anmerken lassen. Als ich den Kassenzettel in einen Abfalleimer warf, fiel mir ein, dass ich versuchen könnte, mir das Geld zurückerstatten zu lassen. Ich überlegte, die Ärmel hochzukrempeln und im Müll zu wühlen. Ach, diese ganzen Geldsorgen sind ermüdend, und müde fiel ich ins Hotelbett.

Am nächsten Morgen begann der Tag mit einer herzlichen Umarmung des Ministers, es fing also gut an. Dann gingen wir ins Bundesministerium für Arbeit. Mir fielen sofort die langen Flure, die großen, vielen Türen auf. Und ich dachte mir: Das macht bestimmt unglaublich Spaß, hier mal mit Rollerskates durchzubrettern, weil alles barrierefrei ist. Aber für solche Faxen haben Politiker sicher keine Zeit. Hubertus Heil zeigte mir sein Büro, und ich setzte mich sogar auf seinen Platz, während er von seinem Arbeitsalltag erzählte. Ich sah seinen vollen Terminkalender und auch mein zweiseitiges, vollgestopftes Programm. Die Organisation ließ wirklich nichts zu wünschen übrig. Es standen gleich mehrere Veranstaltungen an. Schlau, sich einen Tag auszusuchen, der nicht größtenteils aus Büroarbeit oder langweiligen Gremiensitzungen bestand. Sonst hätte ich den lieben langen Tag zuschauen müssen, wie der Minister vor sich hin schrieb und dachte. An diesem Tag fand dagegen eine vom Magazin *Focus* organisierte Diskussionsrunde zum Thema »Die erodierende Mittelschicht und die entscheidende Frage: Wie werden wir zu Gewinnern des digitalen Wandels?« statt. Ich war stets an Heils Seite und konnte somit sowohl seinen als auch den interessanten Ausführungen von Frank Thelen zuhören, der aus *Höhle der Löwen* bekannt ist.

Außerdem war auch die Jubiläumsfeier zum hundertjährigen Bestehen der Internationalen Arbeitsorganisation (ILO) angesagt. Es ging um soziale Gerechtigkeit und menschenwürdige Arbeit, also um faire Bezahlung, bessere Arbeitsbedingungen, Gesundheitsschutz, keine Kinderarbeit, und zwar weltweit. Genau die Themen, für die ich mich als Betriebsrätin, Gewerkschafterin, ehrenamtliche Richterin und einfach als Mensch einsetze. So fühlte ich mich geehrt, als mir der Generaldirektor der ILO, Guy Ryder, vorgestellt wurde. Aber es war noch nicht das Ende der Fahnenstange: Ich lernte den Bundespräsidenten Frank-Walter Steinmeier kennen. Ich bin nicht vor Ehrfurcht erstarrt, aber es war natürlich sehr beeindruckend, dem Staatsoberhaupt die Hand zu schütteln. Wer kann das schon von sich behaupten? Danach begleitete ich Hubertus Heil zu einem Besuch von Schülern aus Peine, die ihren Hauptschulabschluss nachholten. Auch mir stellten sie Fragen, weil sie mich im Fernsehen gesehen hatten. Ich nutzte die Gunst der Stunde und appellierte an sie: »Wir müssen alle zusammenhalten, ich kann mich nicht über irgendetwas aufregen und nichts dafür tun, um es zu ändern.« Wir alle haben eine Verantwortung, wir können wählen und von den Politikern erwarten, dass sie ihre noch größere Verantwortung wahrnehmen.

Später unterhielt ich mich im Dienstwagen mit Hubertus Heil über diese Verantwortung. Er war sich dieser bewusst. Er erzählte mir, dass sein Arbeitstag lang sei und er am Ende des Tages Entscheidungen treffen müsse und dass erst dann die eigentliche Arbeit beginne: das Durchsetzen, das Verhandeln. Ich nickte und meinte, dass das bestimmt sehr mühselig sei. Im Gespräch merkte ich, dass ich langsam meine Sicht auf die Politik änderte.

Jedenfalls im Hinblick auf bestimmte Politiker. Man muss sich vor Augen halten, dass der Arbeitsminister kein leichtes Erbe angetreten hat, seit über 20 Jahren verspricht die SPD soziale Gerechtigkeit und hat effektiv nichts getan. Als wir vor dem Bundestag ankamen, sah ich die 16 Meter breite Inschrift: *Dem deutschen Volke*. Für dieses muss Politik gemacht werden. Aber auch das deutsche Volk ist keine homogene Masse, sondern viele Individuen haben viele Meinungen. Und Politiker sind auch nur Menschen. Das wurde mir klar, so wie mir auch klar wurde, dass es schwer ist zu diskutieren, gegen Wände zu laufen und sich immer wieder anhören zu müssen, dass man nicht genug tun würde. Ich lernte eine andere Art von Job kennen und erkannte, dass mein Job auf eine andere Art und Weise anstrengend ist und dass die Arbeit des Politikers auch sehr aufreibend und kräftezehrend sein kann. Ständig steht man im Blickpunkt der Öffentlichkeit, ständig gibt es Hürden, Kompromisse, Endlosdiskussionen. Ich könnte dabei nicht so ruhig und sachlich bleiben. Ständig steht man unter starkem Druck, und ich kann mir schon vorstellen, dass Angela Merkel, wenn sie nach Hause kommt, alle viere von sich streckt und bei ihrem Mann bei einem Glas Wein Dampf ablässt. Auch Politiker sind doch nur Menschen, die ihren Ärger oder ihren Stress abreagieren müssen. Vielleicht sollten sie sich überhaupt mit mehr Herz und Leidenschaft für ihre Sache einsetzen. Das tun die Rechtspopulisten bereits, und das macht sie stark. Die meisten wollen zwar Politiker, die einen kühlen Kopf bewahren, aber dennoch wollen sie merken, dass ihnen das Wohlergehen der Menschen wichtig ist. Dass sie sich dafür einsetzen, sich selbst mit einbeziehen und so argumentieren, als würde auch ihre Zukunft von besseren Gesetzen abhängen – wer weiß, ob sie nicht selbst in 40 Jahren in die Armutsfalle geraten werden, das Leben ist voller Überraschungen, Höhen und Tiefen wechseln sich ab.

Nach einem langen Tag, der um 7:40 Uhr begann und um 20:30 Uhr zu Ende ging, war ich froh, diese neue Sicht gewonnen zu haben. Ich habe eine ganz andere Lebensrealität kennenlernen können, die ich nicht gerne gegen meine eintauschen würde.

Ein Arbeitsminister im Krankenhaus, Bochum

Am 23. Mai 2019 war es so weit, der Arbeitsminister sollte zu mir nach Bochum kommen. Der Tag begann um vier Uhr morgens, mittlerweile zweifelte ich nicht mehr daran, dass er kommen würde. Denn wenige Tage nach meinem Besuch in Berlin hatte ich einen Brief vom Bundesministerium erhalten, in dem dieser Termin bestätigt wurde. So bügelte ich mir die Falten aus dem Gesicht und strich auch meine Kleidung glatt, damit alles perfekt saß. Die Presse hatte natürlich Interesse an diesem »Rollentausch«. Es war ein bisschen wie bei Aschenputtel, nur andersherum: Man wollte einmal sehen, wie Hubertus Heil sich die Hände dreckig machte.

Dann schrillte auch schon die Klingel, und es ging Schlag auf Schlag, bis gefühlt 20 Menschen in meiner kleinen Wohnung standen. Es klingelte nochmals, und der Arbeitsminister stand mit seiner Entourage vor meiner Tür. »Die Frühschicht ist da!«, sagte ich zu ihm, als wir uns herzlich, wieder mit Umarmung wie alte Freunde, begrüßten. »Erstma ein Käffchen«, sagte ich und zwinkerte ihm zu. Wir stellten uns in meine Küche, wo er aus einer bunten Tasse trank und sich mit mir über die aktuelle Rentensituation unterhielt. Sie sei eingefahren, die anderen Parteien würden sich aber querstellen. Es war umso besser, dass er jetzt bei mir in Bochum war, dann kann er sich immer wieder in Erinnerung rufen, für wen er durchhalten muss. Wir gingen dann raus, und da stand schon das schwarze, auf Hochglanz polierte Ministerauto. Die Nachbarn waren ganz aufgekratzt: »Die Susi wird von hohen Tieren abgeholt.« Ich war Gesprächsthema Nr. 1, erzählte mir eine Nachbarin am nächsten Morgen. Mich beeindruckte das alles kaum, ich sagte nur zum Minister: »Mir nach, wir fahren in die Unterwelt.«

Im Krankenhaus musste er erst einmal unzählige Hände schütteln, bevor er eine Führung bekam und dann richtig starten konnte. Ich legte ihm die weiße Arbeitskleidung bereit, Turnschuhe sollte er selbst mitbringen. Immerhin würde es ein langer Tag werden. Dann wollte ich endlich sehen, wie er sich schlagen würde. Ich nahm ihn mit auf die Bettenstation, wo ich ein 14-köpfiges Team leite, das ich ihm vorstellte. Zehn davon arbeiten in dem Raum, in dem die Betten gereinigt werden, die anderen vier werden mobil eingesetzt, das heißt, sie übergeben uns die schmutzigen Betten und holen die sauberen wieder ab, holen Wäsche und vieles mehr. Ich teilte den Arbeitsminister zum Saubermachen ein. Wir begannen auf der Seite des Raums, in dem die Betten überzogen werden mussten.

Mittlerweile hatte sich Hubertus Heil umgezogen und sich die blauen Einmalhandschuhe übergestreift. Schick. Ich zeigte ihm, wie wir die Kissen und Decken überziehen. »Loch klein, Kissen groß, aber so sollte es quasi aussehen.« Heil meinte, zu Hause hätte er ja auch schon Betten überzogen, aber da wären es nur zwei. Einen Knubbel machte er trotzdem rein, na ja, das muss man auch üben. Wir machen das schon lange und sind eingespielt. Jeder kennt genau die Folge der Arbeitsschritte, und unser Arbeitstempo ist rasant. Bereits nach 20 Minuten tropfte dem Minister der Schweiß von der Stirn. Ich gab ihm den Tipp, die Arme nicht immer so hochzunehmen, damit es nicht zu anstrengend sei, denn sonst hätte er am Abend so lange Arme, dass er sich die Socken im Stehen hochziehen könne. Er hörte aufmerksam zu, als würde er sich wie ein Kollege in die Materie einarbeiten, und packte richtig mit an. Auch als ich ihm den nassen Lappen in die Hand drückte, um die Betten zu wischen. Ich wies ihn lediglich auf die Ritzen und Ecken hin, die besonders wichtig sind und nicht vergessen werden dürfen.

Allmählich wurde es auch mir warm. Der Raum befindet sich im Untergeschoss und hat keine Fenster. Das Licht ist künstlich, die Luft schnell verbraucht, und manche Betten riechen nicht besonders angenehm. Für jemanden, der viel durch Berlin fährt und sich meist in Gebäuden mit großen Glasfassaden aufhält, ist das allein bestimmt schon anstrengend. Da fragte mich Hubertus Heil auch schon, ob ich mich denn noch vor irgendetwas ekeln würde. Dabei hatte er an diesem Tag Glück. Er musste kein Blut oder keine Fäkalien entfernen. Ich antwortete ihm, dass ich eher an die in den Betten leidenden Menschen denke. Ich kann gut mit solchen Dingen umgehen, ich muss mich jedenfalls nicht davon übergeben. Aber ich komme auch an meine Grenzen, wenn ich beispielsweise mit den Händen mit Blut in Kontakt komme. Dann denke ich: Morgen hast du Herpes, und tatsächlich habe ich am nächsten Tag Ausschlag im Gesicht.

Wir finden auch andere unerfreuliche Dinge in den Betten, zum Beispiel Nadeln, an denen wir uns stechen. Das ist gefährlich. Ich verstehe nicht, warum die Patienten unachtsam Dinge dort entsorgen, als wäre das Bett eine Müllkippe, manchmal sind unter den Bettdecken sogar ganze Müllbeutel versteckt. Hin und wieder verlieren sie auch Sachen, über die wir uns kaputtlachen. Einmal habe ich ein Gebiss gefunden. Merkt denn der/die Betreffende nicht, dass er/sie keine Zähne im Mund hat? Ein wenig Spaß muss sein, sonst ist dieser Job nicht zu ertragen.

Auch mit Hubertus Heil machte es Spaß. Er legte sich mächtig ins Zeug – und nicht nur fünf Minuten für die Kameras. Mehrere Stunden putzte er mit mir, und ich muss anerkennen, dass er das ziemlich gut gemacht hat. Ohne zu murren, auch wenn man ihm doch anmerkte, dass es nicht so ganz sein Ding war. Er desinfizierte einen Tick zu lange seine Hände. Später meinte er, dass in der Fernsehserie *Die Schwarzwaldklinik* diese Abteilung keine Beachtung gefunden hätte, da hätte man sich nur auf die Ärzte fokussiert. Dabei werde hier unten etwas für die Gesellschaft getan.

An diesem Tag wurde uns wenigstens etwas Beachtung geschenkt. Der Minister schien wirklich Interesse für das zu haben, was wir Reinigungskräfte zu berichten hatten. Beim Essen in der Kantine nahm ich zwei meiner Kollegen mit, die ich zuvor ermuntert hatte, nicht länger zu schweigen und ihre Meinung zu äußern, denn jetzt hätten wir die Chance, für Veränderung einzustehen. Als Betriebsrätin und Gewerkschafterin tue ich das immer, aber sie sollten mir beistehen. So sagten sie, wenn auch zurückhaltend, dass sie für ihre Arbeit wirklich zu wenig

Geld bekämen. Dem stimmte ich zu, mein Stundenlohn beträgt nämlich 10,56 Euro. Dabei bin ich für ein Team verantwortlich und erfülle administrative Aufgaben wie Einträge ins Logbuch, Dienstplan, Motivation, alles, was eben die Leitung ausmacht. Würde das Krankenhaus jemanden mit dieser Tätigkeitsbeschreibung einstellen, müsste es mehr zahlen. Aber nein, ich bin eine einfache Reinigungskraft, deren Arbeit anscheinend nicht mehr wert ist.

Die Arbeit müsste für jeden mindestens zwölf Euro pro Stunde wert sein, meinte Hubertus Heil, diesen Mindeststundenlohn versuche er durchzusetzen. Außerdem setze er sich für ordentliche Tarifverträge und für sein Herzensprojekt der Grundrente ein. »Was ich heute erlebt habe, bestärkt mich, wirklich noch heftiger zu kämpfen, dass wir eine Grundrente bekommen, die den Namen auch verdient«, sagte er. Denn Menschen wie ich und meine Kollegen, die hart arbeiten, müssten mehr Wertschätzung erfahren. Wir würden den »Laden am Laufen halten und das Land auch«.

Meine Kollegen waren begeistert vom Minister, sie hätten nicht gedacht, dass Politiker so zugänglich sein könnten. Ich gebe zu, auch mir ist Hubertus Heil sympathisch, auch ich glaube an ihn, aber ich habe ihm schon klarmachen wollen, dass wir uns nicht mit Worthülsen zufriedengeben. Ich habe ihm gesagt, dass alle enttäuscht seien von der Politik, wir würden sein Gehalt mitbezahlen, und dafür dürfe er nicht lockerlassen. Er müsse eine Art Rippenkneifer werden, der immer wieder anmahnt, dass man uns nicht vergessen darf: »Ich möchte, dass du hartnäckig bleibst! Ich möchte, dass der Mensch entspannter leben kann, dass er nicht jeden Pfennig umdrehen muss.« Die Zeitungen schrieben, dass er darauf etwas kleinlaut reagiert habe: »Ich will dich nicht enttäuschen.«

Zum Abschied sagte eine Kollegin, dass er gerne wiederkommen könne. Hilfe bräuchten wir immer. Aber wir wissen, dass uns auf andere Weise geholfen werden kann. Verschmitzt merkte er an: »Diese Nacht werde ich von Bettdecken träumen.« Und hoffentlich auch von einer besseren Zukunft, die ihn antreibt, sich weiter zu engagieren. Ich glaube, er hat tatsächlich etwas aus diesem Arbeitsplatztausch mitgenommen. Genau wie ich.

Jetzt verstehe ich auch den Sinn eines solchen Tauschs. Es nützt nichts, auf die da oben zu zeigen und nach unten zu treten. Nur wer in den Schuhen eines anderen läuft, kann über den anderen urteilen. Um dieser Rottweiler- und Ellbogengesellschaft zu entgehen, sollte man sich viel öfter auf Augenhöhe begegnen. Denn dann entwickelt man Verständnis füreinander und kann sich gemeinsam stärker für ein angenehmes Leben und ein gutes Zusammenleben engagieren.

Kapitel 4

Tut etwas! Die Rente retten

Vorschläge

Im Land der Dichter und Denker sollte ein Kapitel auch so beginnen: »Diese Welt ist in den Miesen und vor allem braucht sie endlich mal 'ne Entscheidung. Und was sie auch braucht, ist die Liebe von allen [...] Zweifeln wir an der Power, dann powern wir nur unsere Zweifel [...] Es könnt' alles so einfach sein, isses aber nicht.« Na gut, die Fantastischen Vier und Herbert Grönemeyer sind moderne Dichter und Denker. Aber dieser Song fällt mir ein, wenn ich über die Lösung der Rentenkrise nachdenke. Natürlich ist das Rentensystem kompliziert – seit Jahren diskutieren Rentenexperten, Politiker, Wirtschaftsfachleute und die Betroffenen selbst darüber. Darum soll jetzt eine Rentenkommission gute Ideen auf den Weg bringen. Aber es gab schon immer Rentenkommissionen, und es wird sie auch immer geben, wenn nicht endlich etwas passiert. Diese denken zu kompliziert, zu sehr in den bereits bestehenden Kategorien. Die Rente ist aber meiner Meinung nach nur zu retten, wenn man handelt und »out of the box« denkt.

Damit sich die Situation bessert, wird über Stellschrauben nachgedacht, die gedreht werden könnten: Rentenniveau senken (weniger Rente), Beiträge erhöhen (weniger Lohn), Renteneintrittsalter erhöhen (weniger Leben). In den Klammern steht das geschrieben, was ich davon halte, und da könnte überall noch ein Nein dahinter stehen. Wenn nur diese Parameter angesetzt werden, die direkt mit dem Rentensystem im Zusammenhang stehen, verschärft sich die Lage für viele Menschen. Sie bieten sich sozusagen als letzter Ausweg an. Meiner Ansicht nach gibt es bessere Maßnahmen, und manche können schnell, einfach und unbürokratisch durchgeführt werden. Man muss es nur wollen und den Mut haben – nicht weil die Lösungen übermäßig radikal sind, sondern weil sie ein nunmehr ein Jahrhundert altes System auf den Kopf stellen würden: das Klassensystem. Es müsste in relativierter Form aufgeweicht werden. Ich bin nicht für die Abschaffung von Reichtum, aber für die Abschaffung von Armut. Dafür, dass sich jeder in dieser Gesellschaft beteiligen muss, und wenn er das nicht kann, dann sorgt diese Gesellschaft für ihn. Das ist bisher aber nur bedingt so. Das Äquivalenzprinzip, das berufsständische System und die Vorteile für Reiche verhindern das. Was heißt das?

Niedrige Einkommen aufwerten

Zunächst einmal das Äquivalenzprinzip: Es besagt, dass »die Rente von der Höhe der in die Rentenkasse eingezahlten Beiträge abhängt. Dabei beruht es auf der Idee von Leistung und Gegenleistung«.[106] Diese Leistung ist finanzieller Art und richtet sich nicht nach der Leistung, die eine Person tatsächlich für ein

Unternehmen oder das Land an sich erbringt. Zugegeben, das Zweite ist schwer zu bemessen. Aber daran entzündet sich der Ungleichheitsgedanke beziehungsweise das Minderwertigkeitsgefühl: Ein Zeitarbeiter fragt sich vielleicht, wenn er neben einer Ingenieurin auf der Baustelle steht, warum sie sich maßgefertigte Lederschuhe leisten kann, während seine Kinder zerbeulte 10-Euro-Plastiktreter tragen müssen. Die Ingenieurin leistet Gehirnarbeit, der Zeitarbeiter Körperarbeit, und beides ist gleichermaßen fordernd. Es geht nicht um eine absolute Angleichung, sondern darum, dass jeder einen anständigen Mindestlohn und folglich auch eine Mindestrente bekommt.

Eine Mindestrente würde das derzeitige Äquivalenzprinzip aber aus den Angeln heben, behaupten einige. Ja und? Warum pochen wir denn so sehr darauf? Was ist mit Solidarität? Besonders die Menschen, die viele Arbeitsjahre vorweisen können, die sich angestrengt haben, müssen im Alter abgesichert sein. Sie haben eine Leistung erbracht und haben das Recht, im Erwerbsleben und in der Rente gut leben zu können. Die Regierung hat ja auch schon angefangen, etwas zu verändern. Für Mütter, Kranke oder Geringverdiener gibt es bereits steuerfinanzierte Aufstockungen. Doch es muss mehr passieren. Darum schlage ich vor, niedrige Einkommen in der Rentenberechnung höherzustufen, also so zu berechnen, dass Menschen im Alter nicht verarmen. Das wäre noch aus einem anderen Grund gerecht: Geringverdiener sterben im Durchschnitt sieben Jahre früher als Besserverdiener. Das heißt, sie beziehen auch sieben Jahre weniger Rente und bekommen teils nicht einmal das ausbezahlt, was sie eingezahlt haben. Von der gesetzlichen Rentenkasse profitieren demnach vor allem Rentner, denen es gesundheitlich und finanziell gut geht.[107]

Andere vergleichbare Länder praktizieren übrigens die Umverteilung von wohlhabend zu bedürftig noch stärker als wir. In Frankreich und der Schweiz steht Menschen mit einem niedrigen Einkommen um die Hälfte mehr Rente als in Deutschland zu. In den Niederlanden sogar doppelt so viel.[108] Das heißt, bei unseren Nachbarn würde ich statt 715 Euro entweder 1072 Euro oder 1430 Euro Rente im Monat bekommen. Das wäre eine große Erleichterung, aber ich höre schon, dass es in den Köpfen der Leute rumort: Wie soll das finanziert werden? Durch eine weitere Umverteilung und die Aufhebung des berufsständischen Systems. Ganz einfach.

Beamte und Selbstständige einbeziehen

Das berufsständische System bezeichnet die Tatsache, dass unser Rentensystem im Allgemeinen nach Berufen unterscheidet. Größtenteils sind Arbeiter und Angestellte in der gesetzlichen Rentenversicherung versichert. Beamte und Selbstständige zahlen nicht in diese ein. Während Erstere in die Pensionskasse einzahlen und aus dieser ihre Altersversorgung beziehen, können Selbstständige freiwillig in die gesetzliche oder in die private Altersvorsorge einzahlen. Häufig versichern sie sich auch gar nicht. Dieses System haben wir seit Bismarcks Einführung der Rentenversicherung beibehalten. Er gründete eine Versicherung für Arbeiter, doch Beamte, Selbstständige und nicht erwerbstätige Frauen blieben ausgeschlossen. »Weil die ›Arbeiterversicherung‹ in erster Linie nicht der Armutsbekämpfung dienen sollte, sondern der politischen Ruhigstellung der organisierten Arbeiterschaft, gibt es in Deutschland bis heute keine in das Rentensys

tem integrierte Mindestrente.«[109] Heute sollten, ja müssen wir es
sogar anders machen. Welchen Grund gibt es noch, dass Politiker, Professorinnen, Ärzte, Architekten nicht in die Rentenkasse
einzahlen? Je mehr Menschen jedoch in diese einzahlen – und
vor allem gut gestellte Menschen –, umso mehr Geld ist in der
Kasse, das umverteilt werden kann. »Noch ist es ein Tabu, das
steuerfinanzierte Pensionssystem anzutasten. Für eine Änderung
müsste im Bundestag eine Zweidrittelmehrheit zusammenkom-
men. Außerdem gibt es verfassungsrechtliche Bedenken.«[110]

Klar, in Deutschland ist alles kompliziert. Aber gibt es denn
keine verfassungsrechtlichen Bedenken, wenn eine Bevölke-
rungsgruppe konsequent bevorzugt wird? Das soll mal einer verstehen. Von den Grünen jedenfalls weiß man, dass sie für eine
solche Neuerung stimmen würden, und Arbeitsminister Hubertus Heil macht sich ebenfalls dafür stark. Die Ruhr-Universi-
tät Bochum analysierte, wie sich eine Einbeziehung auswirken
würde. Die Beitragssätze würden länger stabil bleiben, sogar
wenn die Rente erhöht werden würde. Wenn sie auf ein Rentenniveau von 52,6 Prozent klettert, würde der Beitragssatz in
den nächsten 20 Jahren nur auf 22,8 Prozent steigen müssen.[111]
Doch Wissenschaftler sind der Meinung, dass der positive Effekt
nur kurz- und mittelfristig anhalten und aufhören würde, wenn
die Jungen alt werden. Also wenn die Beamten und Selbstständigen, die heute einzahlen, später auch ihre Rente einfordern.[112]
Und da sie viel verdient haben, haben sie auch hohe Ansprüche.

Trotzdem würde dies erst einmal Zeit schaffen, neue Rentenreformen zu entwickeln. Außerdem wäre es gerechter und brächte
vielleicht auch manche Vorteile. Selbstständige lassen sich oft

nicht versichern, weil sie nicht dazu verpflichtet sind, und legen auch kein Geld auf die hohe Kante. Wenn sie es aber müssen, sind sie im Alter nicht auf die Grundsicherung angewiesen. Diese Änderung könnte zudem vorbeugend wirken: Wenn das Rentenniveau weiter sinkt, werden viele Menschen versuchen, sich selbstständig zu machen, auch wenn es nur auf dem Papier ist. Eine solche Flucht würde die Rentenkasse erst recht erschüttern.

Es muss einfach eine Versicherung für alle eingeführt werden. Die Schweiz beweist, dass diese sich für alle auszahlt, dort gibt es eine Bürgerversicherung. Und natürlich machen die Schweizer auch einige andere Dinge anders, und das ist, was zählt. Wenn in Deutschland über Vorschläge diskutiert wird, wird alles immer abgeschmettert und verworfen. Die Folgen werden hypothetisch gesondert betrachtet, als würde ein Vorschlag alles abdecken und alle Probleme lösen müssen. Aber Beamte und Selbstständige miteinzubeziehen ist nur eine von vielen Lösungen.

Erweiterung der Bemessungsgrundlage

Eine weitere Lösung könnte darin bestehen, Besserverdienende mehr als bisher an der Alterssicherung zu beteiligen. Angestellte haben oft nur das Gehalt, das sie von ihrem Arbeitgeber erhalten. Von diesem werden ihnen die Beiträge abgezogen. Warum sollten nicht alle Einkommen beitragspflichtig sein? Also auch Einkommen aus Kapital, wie Zinsen und Dividenden, und aus Vermietung und Verpachtung. So wäre mehr Geld in der Staatskasse, und das wäre eine faire Lösung.

Abschaffung der Beitragsbemessungsgrenze

Besserverdiener verdienen nicht nur besser, sie werden auch besser behandelt. So zahlen sie nur bis zu einer bestimmten Einkommensgrenze, die derzeit bei etwa 6000 Euro liegt, prozentual Beiträge in die Rentenkasse ein. Was darüber liegt, wird nicht berücksichtigt. Sollte es aber. Wer jetzt denkt, es wäre unfair, immer die Menschen anzuzapfen, die es zu etwas gebracht haben: Es ist andersherum. Es ist unfair, dass im vorherrschenden System die Mittelschicht die Hauptlast trägt. Nehmen wir den Unternehmensberater, der 25 000 Euro im Monat verdient. Dieser muss in den westlichen Bundesländern bis zu einer Einkommensgrenze von 6700 Euro Rentenbeiträge zahlen. Der aktuelle Beitrag liegt bei 18,6 Prozent des Gehalts. Er zahlt also statt der 4650 Euro nur noch 1246 Euro im Monat, das ist für mich immer noch viel Geld, aber für ihn sind das umgerechnet etwa 5 Prozent. Warum sollte ich aber von meinen 1050 Euro die vollen 18,6 Prozent zahlen? Das macht keinen Sinn, jeder sollte den gleichen Prozentsatz von seinem Einkommen zahlen. Damit seine Rentenansprüche aber nicht explodieren, wenn eine unbegrenzte Beitragspflicht eingeführt werden sollte, sollte eine Höchstrente angesetzt werden. Sicher stellt das einen Bruch in der bisherigen Alterssicherung oder einen Konflikt mit der Leistungsgerechtigkeit (so wie sie allgemein verstanden wird) dar, aber ich frage mich, warum alle so Klammeraffen sind. Dann wird es eben anders, dann müssen wir alle etwas leisten. Und dieses Signal, dass wir alle im Verhältnis gleich stark belastet werden und die Besserverdiener oder Vermögenden etwas stärker, erhöht das zum Teil bereits verloren gegangene Vertrauen in die Rente. Auf dieser Basis wäre es einfacher, Reformen durchzusetzen.

Reiche besteuern

Momentan werden wir nicht alle gleich stark belastet, deshalb folgt nun ein Vorschlag, der auf die Besserverdiener abzielt. Arbeitnehmer mit mittlerem Einkommen zahlen höchstens 42 Prozent Steuern, und wie viel zahlen Milliardäre? Etwa 25 Prozent. Alleinerziehende müssen in Deutschland im Vergleich zu anderen Industriestaaten doppelt so viel von ihrem Einkommen abtreten.[113] Ist das leistungsgerecht? Politiker sprechen davon, dass eine Mindestrente nicht der Leistungsgerechtigkeit entspricht. Im gleichen Atemzug wollen sie weitere Steuererleichterungen für Reiche schaffen. Statt die Steuern zu erhöhen, möchten sie beispielsweise die Körperschaftssteuer für Unternehmen senken. Dabei zahlen Vermögende schon recht niedrige Steuern auf Kapitalerträge und Erbschaften. Das ist nicht mein Verständnis von Gerechtigkeit. Das ist Heuchelei. Besserverdiener zahlen heute weniger als noch vor 20 Jahren und Normalverdiener mehr, aber das Land hat kein Geld, um Rentnern ein Leben in Würde zu ermöglichen. Wir schauen lieber zu, wie die Menschen verenden – für was? Immer höher, immer weiter?

Natürlich müssen wir zusehen, dass Unternehmen sich in Deutschland gerne niederlassen, dass sie wettbewerbsfähig bleiben, dass sie nicht in Steueroasen abwandern. Unsere Wirtschaft muss weiterhin funktionieren, aber es muss Möglichkeiten geben, Gerechtigkeit zu schaffen. Hier muss Europa mitziehen, damit Konzerne wie Apple, Amazon, Ikea und Google volle Steuern in Deutschland zahlen und nicht wie bisher alle Steuertricks ausnutzen, die es gibt, um den Staat zu betrügen.

Aber auch deutsche Unternehmen verstehen es, Steuerabgaben zu vermeiden: Im Jahr 2013 entgingen dem deutschen Staat 90 Milliarden Euro. Weitere 400 Milliarden Euro in den Jahren 2005 bis 2013 sind ihm entwischt, weil er den Reichen Steuern erlassen hat.[114] Auf wessen Seite die Politik steht, zeigt sich hier deutlich. Deshalb muss die Vermögenssteuer wieder eingeführt werden, die es schon seit 1997 nicht mehr gibt. Erben müssen zudem ihr Erbe höher versteuern. Sie bekommen Millionen in den Schoß gelegt und zahlen gerade einmal 2 Prozent davon. Das lässt mich nur zu einem Schluss kommen: Leistungsgerechtigkeit ist eine Illusion. Kein Tellerwäscher wird zum Millionär, wir haben nicht alle die gleichen Chancen, und wir werden nicht alle gerecht für unsere Leistung entlohnt. Zeit, dies wenigstens teilweise umzukehren. Lasst den Reichen ihre Ferraris, aber gebt den anderen ein bisschen Lebensfreude.

Steuerausgaben verändern

Der Staat könnte mehr Einnahmen haben und hat diese schon. Der Satz, es sei kein Geld da, ist schlicht eine Lüge. Ich glaube, das muss man unterscheiden: Es ist nicht genug Geld da, um Rentnern zu helfen, um die Pflege und die Bildung zu verbessern, um in die Zukunft zu investieren. Es ist genug da, um Banken zu retten, Diäten zu erhöhen und Flüchtlingen zu helfen. Auf Letzterem, also Menschen, die bei uns Schutz suchen, möchte ich nicht herumreiten, aber es zeigt, dass Geld da ist, wenn man denn will. Deutschland ist das vierte Jahr in Folge Exportweltmeister und seine Wirtschaft das zehnte Jahr in Folge im Aufschwung. Erst im ersten Quartal 2019 stieg das Bruttoinlandsprodukt um 0,4 Prozent.[115]

Außerdem kamen im letzten Haushaltsjahr der Bund, die Länder und die Gemeinden auf Steuereinnahmen in Höhe von 713,6 Milliarden Euro. Das sind 39 Milliarden Euro mehr als im Vorjahr.[116]

»Der deutsche Staat ist hinreichend finanziert«, sagt der Finanzwissenschaftler Clemens Fuest. »Wenn der deutsche Staat ein Problem hat, dann eher auf der Ausgabenseite – wo er großzügig Milliardengeschenke an Bürger und Unternehmen verteilt.«[117] Nicht nur das, er verwendet die Steuern nicht nur, sondern er verschwendet sie regelrecht. Mit »Stuttgart 21« und dem Berliner Flughafen machen sich die Beteiligten zum Gespött. Da weiß man nicht, ob man lachen oder weinen soll. Das Unkraut drückt schon die Bodenplatten hoch, alles muss neu gemacht werden. So etwas bricht das Vertrauen der Bürger. Die Steuer ist ein wichtiger Teil einer solidarischen Gesellschaft, und Bürger wollen, dass ihr Beitrag ein Beitrag für alle ist. Und nicht in irgendeinem Sumpf versickert. Da gibt es die eben genannten Beispiele, aber noch viele weitere. Dafür lohnt sich ein Blick ins Schwarzbuch, das jährlich die absurdesten Steuerausgaben sammelt. Wie zum Beispiel die sechs U-Boote der deutschen Marine mit Brennstoffzellenantrieb, die drei Milliarden Euro kosteten, aber noch nicht einsatzbereit sind. Dann gibt es natürlich auch kleinere Vergehen wie 44 Verkehrsschilder auf 700 Metern, die nach links zeigen, obwohl man nur links fahren kann. Kleinvieh macht auch Mist. Es sind unsinnige Ausgaben und auch in Bezug auf die Rente wurde Geld verschleudert.

Das Bundesministerium für Arbeit und Soziales rührte letztes Jahr kräftig die Trommel für sein neues Rentenpaket, dabei war es noch nicht einmal beschlossen. Aber ob Print, online oder auf

Plakatwänden: Werbung kostet. Wie viel? 970 000 Euro.[118] Da möchte ich am liebsten sagen: Ihr seid doch nicht ganz dicht. Wenn ihr morgens an der Sicherheitskontrolle vorbeigeht, lasst euch eine Tablette geben. Fast eine Million Euro, die der Steuerzahler zu schultern hat und die viel besser in den Hosentaschen der Rentner aufgehoben wären. Wenn vernünftig gespart wird, vernünftig gehaushaltet und gewirtschaftet wird, ist Geld da. Und da ist es mir persönlich egal, ob in den Steuertopf gegriffen wird, um die Rente zu bezahlen. Warum denn nicht? Hauptsache, den Menschen geht es gut.

Was mir nicht egal ist, ist aber, wenn in den Rententopf gegriffen wird, um Dinge zu finanzieren, die aus Steuermitteln bezahlt werden müssten. Zum Beispiel die Mütterrente und die Angleichung der Renten von Ost und West. Das sind versicherungsfremde Leistungen, und daran müssten sich alle beteiligen, nicht nur die, die in die Rente einzahlen, sondern auch die Politiker, die sich wie selbstverständlich aus diesem Topf bedienen. Seit über einem halben Jahrhundert wurden so mehr als 700 Milliarden Euro entwendet.[119] Das ist Geld, das die Regierung der Rente schuldet. Sie schuf einen Schattenhaushalt, der so nicht existieren sollte, weil die Beitragszahler schon wieder den Kürzeren ziehen.

Riester-Rente abschaffen und eine staatliche Zusatzrente einrichten

Auch mit der Riester-Rente und der Kürzung der gesetzlichen Rente machte die Politik einen Fehler. Die private und staatlich geförderte Versicherung ist gescheitert. Das sehen auch einige

Politiker so, die Gründe wurden bereits benannt: zu hohe Vertragskosten und eine niedrige Rendite. Entweder ändert man die Bedingungen, oder man schafft Riester ab, was die bessere Alternative wäre. Denn die staatlichen Zuschüsse wären besser in der gesetzlichen Rente aufgehoben, damit nicht nur Mittelstand und Reiche eine vernünftige Rente haben. Es ist nämlich etwas schizophren, der Rentenkasse Geld zu entziehen und zu sagen: Es ist kein Geld mehr in der Kasse! Die gesetzliche Rente muss wieder gestärkt werden – überhaupt sollte das Anliegen Altersvorsorge ganz in staatlicher Hand liegen. Sogar Namensgeber Walter Riester wollte sein Konzept damals so sehen, jedoch hatte die Regierung kein Interesse, die Banken und Versicherungsgesellschaften umso mehr.

Das ist heute anders. Aus der baden-württembergischen Landesregierung kam die Idee eines »Vorsorgekontos«. Die gesetzliche Rentenversicherung sollte einen normalen Lebensstandard bieten können, wer darüber hinaus etwas für seine Rente ansparen möchte, könnte das mit diesem Konto tun. Ein Teil der Beiträge wäre am Kapitalmarkt angelegt, aus diesem Risikotopf würden die Menschen bezahlt werden, die nicht mehr arbeiten können. Trotzdem wäre das Konto der Deutschen Rentenversicherung anvertraut. Somit würden keine Abschlusskosten und keine Provisionen anfallen. Ein solcher Umbau wäre leicht zu bewerkstelligen. Die Menschen, die bereits eine Riester-Rente abgeschlossen haben, würden ihr eingezahltes Geld natürlich behalten. Ab einem Stichtag könnten sie und die Neuzugänge wechseln.

Auch aus dem Bundesland Hessen kommt ein Vorschlag einer staatlichen Zusatzrente namens »Deutschlandrente«. Es handelt sich um einen zentralen Staatsfonds. Der Arbeitgeber würde in Abstimmung mit dem Arbeitnehmer einen Teil des Gehaltes überweisen, und dieser würde ebenfalls im Rahmen einer Kapitalversicherung verwendet werden.

Auch andere Länder haben dieses System, wie zum Beispiel Norwegen mit seinem Pensionsfonds. Es legt die Rente in Aktien, Staatsanleihen und Immobilien an. Darunter sind Unternehmen wie Apple und Facebook; andere Unternehmen wie Airbus und Walmart wurden jedoch wegen Atomwaffenlieferungen und Menschenrechtsverletzung aus dem Portfolio gestrichen. Ethisch und trotzdem effektiv, das Konzept geht auf. Rein theoretisch ist jeder Norweger ein Kronen-Millionär. Theoretisch, weil das Geld größtenteils für schlechtere Zeiten gespart wird, wenn nicht mehr nach Öl gebohrt werden kann. Würde die Rente jedoch sofort ausgezahlt werden, bekäme jeder der 5,2 Millionen Norweger 1,6 Millionen Kronen, das sind umgerechnet 170 000 Euro. Aber eine ausreichende Mindestrente steht jetzt schon jedem zu, auch dem, der nicht gearbeitet hat.[120]

Ein solcher Fonds ist den auf Sicherheit bedachten Deutschen aber zu heikel, was ich gut nachvollziehen kann, weil nicht alles auf eine Karte gesetzt werden soll. Aber beispielsweise gegen Immobilien ist doch nichts einzuwenden. Die Mieten steigen immer mehr, das ist auch etwas, das die Geringverdiener, ja eigentlich alle Menschen in größeren Städten belastet. Da könnte man zwei Fliegen mit einer Klappe schlagen. In den anderen Bundesländern – also außer Baden-Württemberg und Hessen – heißt es aber eher: Klappe zu. So sagte die ehemalige bayerische Bundesministerin für Ernährung, Landwirtschaft und Verbraucherschutz Ilse Aigner, dass der Staat nicht in direkte Konkurrenz mit den privaten Anbietern treten wolle. Sie gab also offen zu, dass sie Letzteren das Geschäft nicht kaputt machen wollte.[121] Es reicht nicht, nur Ideen zu entwickeln, sie müssen angenommen und umgesetzt werden. Das würde ich mir von einer guten Regierung wünschen.

Anreize, länger zu arbeiten

Eine schlechtere Idee dagegen ist, das Renteneintrittsalter auf 70 Jahre anzuheben. Es heißt, Menschen leben länger als früher und sollten daher auch länger arbeiten, dies würde unsere Rentenprobleme auf einen Schlag lösen.

Das können auch nur Menschen vorschlagen, die noch nie körperlich gearbeitet haben. Ihnen würde ich gerne eine Woche Fließband, Dreischicht verpassen. Es gibt etliche Berufe, in denen kaum jemand länger als bis 55 oder 60 aushält. Doch da kommt oft der Einwand: »Ja, aber wir können doch die Diskussion nicht am Dachdecker festmachen.« Im Gegenteil, wir sollten das sogar unbedingt tun, denn es gibt nicht nur den Dachdecker, sondern auch die Dachdeckerin, den Altenpfleger, die Köchin, den Möbelpacker, die Lkw-Fahrerin, den Gerüstbauer, die Einzelhandelskauffrau – die Liste ist ellenlang. In diesen Berufen ist man entweder mit 70 auf dem Hund, oder man will sich endlich Ruhe gönnen. Die meisten würden wahrscheinlich ohnehin mit 65 oder früher in Rente gehen und müssten hohe Abschläge in Kauf nehmen. Schon heute geht jeder Vierte frühzeitig in Rente.[122] »Ja, aber der Dachdecker könnte auch noch umschulen und dann Meisterkurse geben.« Tut mir leid, die ganze Diskussion um die längere Arbeitszeit ist einfach weltfremd. Ja, ich schule mit 60 noch um – zu was? Zu Marie Kondo, der Aufräumberaterin? Fehlt nur noch, dass man mir eine neue Hüfte zahlt und mich zum Roboter macht, dann schaffe ich es bis 70, aber dann falle ich tot um.

Ja, man wird älter als früher, aber auch mit 70 ist man keine 50 mehr, man hat seine Wehwehchen. Und mal ehrlich, selbst die Menschen, die länger arbeiten können, wollen es vielleicht gar nicht. Wer ein ganzes Leben lang Excel-Tabellen ausgefüllt hat, auf jedem Lufthansa-Flug nett lächelt, Häufchen aus dem Freibad fischt, sich in Teammeetings herumschlägt oder Realschülern Chemie erklärt, der hat auch ein ruhiges Rentnerleben verdient. Das ist eine Reform, die zulasten dieser Menschen und zulasten der Armen gehen würde. Denn die, die reich sind, leisten sich die Abschläge, um noch etwas von ihrem Leben zu haben.

Alle sollten sich freuen dürfen, länger zu leben. Sie alle sollten ihr Leben genießen können. Arbeit und Genuss gehen nicht zusammen? Vielleicht für die Künstlerinnen, die Professoren, die ihre Berufung gefunden haben, die Manager, die sich ohne ihre Arbeit wertlos fühlen. Für diese Menschen, die wirklich gerne länger arbeiten möchten, müssen flexible Übergangszeiten geschaffen werden. Denn es stimmt, wenn jemand länger arbeitet, dann ist mehr in der Rentenkasse. Aber das soll nicht durch Zwang entstehen, sondern ein Angebot sein.

Es müssen noch mehr Anreize gesetzt werden, damit die Menschen gerne länger arbeiten. Menschen, die noch fit sind, dürfen nicht zwangsverrentet werden, weil Arbeitgeber lieber einen schlechter bezahlten jungen Menschen einstellen möchten. Es sind genug Jobs für alle da. In Norwegen zum Beispiel können Menschen ab 62 Jahren in Rente gehen oder auch erst mit 75 Jahren. Ein solches flexibles Renteneintrittsalter heiße ich nur gut, wenn es keine hohen Abschläge gibt, wenn jemand früher in Rente geht. In Frankreich funktioniert es doch auch, Macron will daran auch nichts ändern: Die Franzosen gehen mit 61,2 Jahren in Rente. Italiener können mit 62 Jahren in Rente gehen, wenn sie mindestens 38 Beitragsjahre beisammen haben, und in Slowenien können die Menschen schon mit 58 Jahren in den Ruhestand treten. Die Rente mit 67 bei uns in Deutschland sehe ich als Rentenkürzung an. Reicht es denn nicht, dass das Gehalt vieler Menschen so niedrig ist und damit die Rente? Müssen sie davon noch mehr abgeben? Nein. Einfach nein.

Löhne erhöhen

Politiker haben zur Verschärfung des Rentenproblems beigetragen, aber auch die Arbeitgeber sind nicht unschuldig, und die Politik sieht zu, duldet und begünstigt Lohndumping, Zeitarbeit, befristete Verträge und schlechte Arbeitsbedingungen. Solche Arbeitgeber sind Dagobert Ducks mit Dollarzeichen in den Augen. Anders kann man es nicht sagen. Aus Gier sparen sie immer mehr ein auf Kosten der Mitarbeiter. Natürlich gibt es vorbildliche Großunternehmen, gemütliche Familienbetriebe, Wohlfühl-Start-ups – von diesen spreche ich nicht. Ich meine die Unternehmer, die ihren Krankenpflegerinnen keine Pause gewähren, die hoch ausgebildete Menschen als Praktikanten und Volontäre einstellen, die den Erntehelfern mit Ach und Krach den Mindestlohn zahlen. Aber von Mindestlohn kann man in Deutschland kaum leben. Weder heute und erst recht nicht später. Man muss sich das einmal vorstellen: Wer 45 Jahre lang geschuftet hat, aber nur Mindestlohn bekommen hat, schafft es nicht einmal zu einer Rente, die mehr als die Grundsicherung beträgt. Zwar wurde der Mindestlohn dieses Jahr auf 9,19 Euro erhöht, doch reicht dieser immer noch nicht aus. Man müsste 11,69 Euro in der Stunde verdienen, um sich den Gang zum Amt zu ersparen.[123]

Als Gewerkschafterin mit Herz und Seele kann ich den derzeitigen Zustand nicht akzeptieren. Haben die Menschen in den oberen Etagen denn kein Mitgefühl? Wie kann man Menschen für sich arbeiten lassen und sie wissentlich im Alter der Sozialhilfe anvertrauen? So geht das doch nicht weiter. Leute, zahlt vernünftige Löhne! Heute zahlt nur noch die Hälfte aller Unternehmen nach Tarif. Spart nicht länger an euren Mitarbeitern, das sind Menschen, denen ihr euren Wohlstand verdankt. Zahlt wenigstens nach Tarif, dann hätten die Mitarbeiter einen um 20 Prozent höheren Lohn und damit auch eine höhere Rente.[124] Die Politik muss ein Auge darauf haben und einen Mindestlohn von zwölf Euro aufwärts vorschreiben.

Beiträge

Erst dann könnten die Arbeitnehmer auch höhere Rentenbeiträge zahlen. Davor müssten sie einfach zu viel von ihrem Lohn abgeben, ich wüsste nicht, wie ich von meinem jetzigen Lohn statt 18,6 Prozent fast 22 Prozent Beiträge zahlen sollte, wahrscheinlich mit Hungern. Die ehemalige Bundesarbeitsministe-rin Andrea Nahles hat 2016 diese Beitragshöhe vorgeschlagen. Soll sie doch 22 Prozent von ihren knapp 16 000 Euro im Mo-nat zahlen. Sie zahlt aber nichts, gar nichts, 0 Prozent. Höhere Löhne sind durchaus realisierbar, schon jetzt und in Zukunft ohne jegliche Verluste für die Unternehmen. Da die Wirtschaft jedes Jahr produktiver wird – sie wächst um 1,5 Prozent pro Jahr –, kann sie die Löhne auch um 1 Prozent pro Jahr erhöhen. Selbst nach Abzug der Inflationsrate hätten die Arbeitnehmer im Jahr 2060 40 Prozent mehr Lohn in der Tasche, und sie könnten sich sogar einen Beitrag von 30 Prozent leisten. Wenn die Wirt-schaft produktiv ist, schwebt auch kein demografisches Damok-lesschwert über uns. Nicht nur das Verhältnis von Alt und Jung ist relevant für eine stabile Rente, sondern auch das Verhältnis von Beitragszahlern und Rentnern. Im Klartext: Es muss genü-gend Arbeit da sein. Und um das Umlageverfahren zu stärken, muss noch mehr Arbeit geschaffen werden.

Arbeit schaffen

Dafür gibt es ein großes Potenzial in Deutschland. Die offizielle Arbeitslosenquote von rund drei Millionen Menschen, die noch nie so niedrig war wie jetzt, ist eine Farce. Eigentlich kann sie als Lüge bezeichnet werden. Es gibt viel mehr Arbeitslose, die die Statistik nicht erfasst: 1-Euro-Jobber, Arbeitslose, die sich nicht mehr als arbeitslos melden, weil sie keine Leistungen erwarten, und ältere Menschen. In Wirklichkeit haben wir in Deutschland über fünf Millionen Arbeitslose. Hinzu kommen fünf Millionen Minijobber, die unter 400 Euro im Monat verdienen und 2,5

Millionen Menschen, die sich auf Anraten der Agentur für Arbeit selbstständig gemacht haben und sich nicht versichern lassen müssen. Insgesamt sind es also über zehn Millionen Menschen, die wenig oder gar nicht in die gesetzliche Rentenkasse einzahlen.[125] Um die Quote zu drücken, wurden viele in Jobs gesteckt, die kein Mensch mit Würde tun sollte. Wie 1-Euro-Jobs. Und andere, nämlich doppelt so viel als noch vor 15 Jahren, sehen sich genötigt, einen Zweitjob zu machen, weil ihre Arbeit nicht auskömmlich ist. Würden für diese Menschen Arbeitsplätze mit anständigem Lohn geschaffen, wäre auch mehr Geld für das Rentensystem sowie für die Menschen selbst da. Heute und später.

Minijobs sollten nicht weiter vom Staat subventioniert werden, das ist ein Fehlanreiz, denn das, was Minijobber leisten, ist kein Minigehalt wert. Viel eher sollten gut bezahlte Arbeitsstrukturen mit flexiblen Zeitmodellen geschaffen werden. Davon könnten besonders Frauen profitieren. In ihnen steckt übrigens das größte Potenzial, sie könnten sogar die Rente retten. Besonders Frauen, nämlich 36 Prozent, arbeiten in sozialversicherungspflichtiger Teilzeit. Bei Männern hingegen sind es nur 7 Prozent.[126] Das liegt teilweise an den tradierten Rollenbildern. Viele Frauen wollen gar nicht in Teilzeit arbeiten, hat das DIW herausgefunden, sie tun dies, weil sie eine Vollzeitstelle nicht mit der Familie vereinbaren können. Außerdem werden Frauen mit Kindern Steine bei der Bildung in den Weg gelegt.

Zwar stimmt es, dass die heutige Generation es leichter hat, sie arbeitet mehr und in besser bezahlten Berufen als die Vorgängergeneration, und sie weiß auch, dass ein Ehemann keine Altersvorsorge ist. Dennoch sind Frauen und Männer noch nicht völlig gleichberechtigt. Gleichberechtigung bedeutet nämlich auch, dass auf die speziellen Bedürfnisse der Frauen Rücksicht genommen wird. Eine Frau kann nicht sofort nach einer Entbindung in den Beruf zurückhopsen, darum gibt es die Elternzeit. Der Wiedereinstieg könnte jedoch weiter verbessert werden. Oft verpassen Frauen den Anschluss oder bekommen keine Arbeit. Es mangelt an Betreuungsangeboten wie Kitas oder an flexiblen Arbeitszeitmodellen.

Genau hier müssen die Politik und die Unternehmen handeln, die angeblich händeringend nach Fachkräften suchen. Große Autokonzerne bieten bereits für gut ausgebildete Frauen Kinderbetreuung an, aber das muss in allen Unternehmen, auch in den mittleren und kleinen Betrieben, Praxis werden. Die Politik muss Kita- und Ganztagsschulplätze schaffen, das ist eine alte Leier, aber deshalb nicht weniger wahr. Vielleicht würden die Deutschen mehr in Vollzeit arbeiten, überhaupt eine Stelle finden oder wieder mehr Kinder bekommen.

Darüber hinaus muss die Politik das Ehegattensplitting abschaffen. Dadurch werden die Einkommen von Frauen stärker belastet, wenn Männer vergleichbar verdienen, sodass es sich für sie kaum lohnt, arbeiten zu gehen. Frauen arbeiten deshalb 280 Stunden weniger im Jahr, das sind 20 Prozent verlorene Arbeitszeit für Deutschland.[127] Wollen Frauen mehr arbeiten, sollte es sich für sie lohnen. Genauso in den Berufen, die häufig von Frauen ausgewählt werden, wie der Krankenpflege. Die Leistung von Frauen und Männern muss angemessen entlohnt werden.

Wie selbstverständlich auch die Arbeit von Migranten, die keine Menschen zweiter Klasse sind. Oft lese ich, dass Zuwanderung das Rentenproblem lösen könnte. Dafür müssten zwischen 2030 und 2060 jedes Jahr 1,3 bis 1,7 Millionen Menschen hierherkommen und sofort Arbeit finden. Während der Flüchtlingskrise 2015 sind 1,2 Millionen Menschen nach Deutschland gekommen, und viele von ihnen sind noch arbeitslos.[128] Wäre es nicht sinnvoller, auch für den Zusammenhalt in unserem Land, ihnen eine Aufgabe zu geben und den Kritikern zu zeigen: Wir haben ihnen geholfen, jetzt helfen sie uns. So könnten mehr Erwerbstätige und mehr Geld in die gesetzliche Rentenkasse geholt werden. Viele Geflüchtete wollen arbeiten, aber entweder müssen sie einen zähen Kampf mit dem Bürokratiekraken führen, oder sie werden in Heimen abgeschottet. Während sie Asyl beantragen, dürfen sie nicht arbeiten, und das zieht sich manchmal über Jahre hin. Warum sollten sie nicht arbeiten dürfen? Sie müssen in die Mitte der Gesellschaft, die Sprache lernen, sich austauschen und bilden dürfen. Chancengleichheit muss für alle gelten.

Auch für Kinder, die aus bildungsfernen Familien kommen, wie es so schön heißt. Wie bereits aufgezeigt, sind Menschen armutsgefährdet und öfter arbeitslos, wenn sie keinen Schulabschluss haben. Einerseits könnte man das Niveau senken. Warum braucht eine Drogerieverkäuferin unbedingt Abitur? Das war früher auch nicht so, und trotzdem wurde gute Arbeit geleistet. Wenn Geringverdiener kein Abitur haben, aber ihre Arbeit gut machen, müssen sie anständig bezahlt werden. Andererseits ist Bildung sicher wichtig für Deutschland, und es ist unfair, sie nur einer bestimmten Schicht zuteilwerden zu lassen. Alle müssen die Chance bekommen zu studieren, wenn sie es denn möchten, und damit mehr zu verdienen. Ein Hochschulabsolvent verdient beispielsweise 2000 Euro mehr im Monat als jemand, der nicht studiert hat. 80 Prozent der Akademikerkinder studieren später einmal selbst, aber nur jedes vierte Arbeiterkind.[129] Die Politik muss in die Bildung investieren und nicht weiter zusehen, wie Kinder aus sozial schwachen Familien, Frauen und Migranten benachteiligt werden. Überhaupt darf sie nicht weiter mit zweierlei Maß messen. Warum werden Arbeitslose unterstützt, aber Geringverdiener nicht? Wenig Geld ist wenig Geld.

Vor Kurzem habe ich mir ein Stück Zahn abgebrochen, aber ich traue mich nicht, zum Zahnarzt zu gehen, weil ich weiß, welche Rechnung auf mich zukommen wird. Dann sehe ich lieber aus wie der Beißer von James Bond. Ist das gerecht, dass Menschen, die wenig verdienen, sich nicht einmal erlauben dürfen, krank zu werden? Ist es gerecht, dass sie nicht am Leben teilhaben können? Hartz-IV-Bezieher bekommen einen Zuschlag zur Arzt- sowie zur Stromrechnung, außerdem erhalten sie ein Busticket, ermäßigten oder kostenlosen Eintritt ins Kino und Theater. Warum nicht alle Menschen, die finanziell klamm sind? Das bedeutet Menschlichkeit. Diese sollte wieder mehr im Fokus stehen, auch bei der Rentendiskussion. Manche meiner Vorschläge betreffen nicht speziell die Rente, das wäre zu eng gedacht. Ich will lieber heute schon die Weichen gestellt sehen, damit später weniger Menschen von Armut gefährdet sind. Schluss mit Diskriminierung, staatlichen Hürden wie Steuer und Bürokratie, Schluss mit Ungerechtigkeit. Das Ziel ist, allen Menschen hierzulande eine Arbeit zu ermöglichen, die ihnen ein normales, entspanntes Leben in der Gegenwart und in der Zukunft gestattet.

Fazit

Bismarck, der Begründer des deutschen Rentensystems, rief am 9. Mai 1884 dem versammelten Reichstag zu: »Geben Sie dem Arbeiter das Recht auf Arbeit, solange er gesund ist. Sichern Sie ihm Pflege, wenn er krank ist. Sichern Sie ihm Versorgung, wenn er alt ist.«

Seitdem sind 135 Jahre vergangen, die technische Nutzung des elektrischen Stroms wurde entdeckt, das Telefon, das Flugzeug, das Internet wurden erfunden, es wurden Herztransplantationen durchgeführt und Spaziergänge auf dem Mond gemacht – doch trotz aller Fortschritte haben wir es noch nicht geschafft, jedem Deutschen eine ausreichende Versorgung im Alter zu sichern. Das ist mehr als traurig, das ist beschämend und macht wütend. Viele Menschen, die lange gearbeitet haben und beispielsweise 600 Euro Rente im Monat bekommen, werden die Grundsicherung nicht beantragen. Sie werden nicht betteln, sie möchten ihre Rente verdienen. Und sie haben es sich verdient. Für ihre Arbeit, ihre Leistung, ihr Lebenswerk steht ihnen eine gute Rente zu. Und da reicht nicht ein Rentenniveau von 48 Prozent, es muss wie auch bei unseren Nachbarn Österreich, Schweiz und Dänemark möglich sein, eine armutsfeste solidarische Mindestrente anzusetzen und über 80 Prozent von dem auszuzahlen, was man im Erwerbsleben an Lohn hatte. Wenn dieser Lohn trotz Arbeit so niedrig war, dass man davon nicht leben kann, dann läuft etwas gewaltig schief. Und ich habe aufgezeigt, was das ist und wer daran schuld ist.

Ich klage die Arbeitgeber an, die sich auf Kosten der Ärmsten bereichern. Wie kann man eine Jacht am Bodensee haben und den Menschen, denen man diese Jacht zu verdanken hat, ins Kreuz treten? Die Unternehmer möchten, dass wir immer schneller und besser arbeiten, mit immer weniger Personal, sie zehren an unseren Kräften, an unserer Psyche und blenden das völlig aus. Mit Wettbewerbsfähigkeit hat das nichts mehr zu tun. Sondern mit purer, hemmungsloser Gier. Manchmal hat es auch mit Blindheit zu tun. Vielleicht sollten die Arbeitgeber eine Woche den Job mit ihren Mitarbeitern tauschen.

Dass ein Tausch ein probates Mittel ist, um Empathie zu erzeugen, hat sich am Tausch vom Arbeitsminister und mir gezeigt. Empathie ist wichtig, um zu verstehen, um sich in den anderen hineinzuversetzen, um ihn zu schätzen. Aber das allein reicht nicht aus. Menschen wie ich brauchen kein Mitleid, wir brauchen Veränderung und Taten, wir brauchen Hilfe. Ich sagte ja bereits, eigentlich könnte man wegen unterlassener Hilfestellung klagen. Und tatsächlich zeigen Studien, dass Menschen, die wenig verdienen, öfter krank sind und etwa zehn Jahre früher sterben als die Menschen, die viel verdienen.[130] Das ist ungeheuerlich. Schämt euch! Das darf nicht sein, und das ist nicht gerecht. Deshalb: Bezahlt uns vernünftige Löhne! Sorgt für gute Arbeitsbedingungen! Gebt den Eltern, den Älteren, den Langzeitarbeitslosen eine Chance. Denkt nicht nur an den Profit, sondern auch an die Menschlichkeit.

Ich klage nicht nur die Arbeitgeber an. Ich klage die Politik an, die nicht nur zugesehen hat, sondern viele wie mich in dieses Loch gestoßen hat. Sie hat die Rente gekürzt, Privatversicherungen die Macht gegeben, Hartz IV eingeführt, die Steuern für die Mittelschicht erhöht und die Steuern für die Besserverdiener gesenkt. Sie hat Geschäfte auf Kosten der Mehrheit gemacht. Sie hat uns Honig ums Maul geschmiert – aber wir brauchen keinen Honig, wir brauchen Brot. Nach den Wahlen ist vor den Wahlen, aber für uns ist es immer nach der Wahl. Es ändert sich nichts und wenn, dann zum Schlechteren. Aber wir geben nicht auf. Wir zählen auf euch Politiker. Ihr seid doch nicht alle gleich, zeigt uns das. Wenn die Arbeitgeber selbst nichts tun, dann müsst ihr das regulieren. Macht Gesetze für uns! Für uns alle. Es geht, wenn ihr normalbürgerlich und nicht politisch denken würdet. Akzeptiert nicht, dass Menschen sich von euch entfernen. Kommt näher und seht. Seht uns. Seht unsere Situation. Hört uns zu und handelt. Das ist eure Aufgabe und unser Recht.

Und nein, ich werde nicht lockerlassen. Ich werde unangenehm und penetrant und immer wieder mahnend rufen: Tut was! Rettet die Rente! Und auch an euch Bürger möchte ich einige Worte richten. Euch klage ich nicht an, aber ich möchte euch ins Gewissen reden. Schaut nach rechts und nach links. Legt die Scheuklappen ab. Streckt die Hand aus. Ihr könntet dieser Mensch am Boden sein. Und an die, die am Boden liegen, sage ich: Steht auf! Macht den Mund auf. Es gehören immer zwei dazu: die, die etwas verbocken, und die, die schweigen. Einer, der macht, und einer, der machen lässt. Es kann nicht so weitergehen. Nein, jetzt ist der Punkt erreicht, an dem wir uns das nicht länger gefallen lassen. Motiviert die, denen es wie euch geht, aber auch die, denen es besser geht, damit ihr gemeinsam kämpft. Die Politik muss doch sehen, was passiert, wenn nicht Politik für alle gemacht wird. Ein Blick nach Frankreich und auf die Gelbwesten genügt – oder leider auch ein Blick in unsere östlichen Bundesländer. Ich fordere nicht auf, Reifen anzuzünden, aber demonstriert. Friedlich. Geht wählen. Tretet ein in die Gewerkschaft und verhandelt. Das tue ich. Mit ganzem Herzen für ein Ziel.

Auch aus diesem Grund habe ich dieses Buch geschrieben. Ich habe mich ganz offenbart und nackig gemacht. Ich habe gesagt, wie viel ich verdiene, wie schlecht es mir geht, ich habe mich gegen Hierarchien gesträubt und habe riskiert, dass das an meinem Arbeitsplatz nicht besonders gut ankommt. Aber ich lasse mir keinen Maulkorb verpassen. Ich habe nicht viel zu verlieren. Die Wahrheit ist eben: Ich habe zu wenig zum Leben und zu viel zum Sterben. Wahrscheinlich kann ich mir nicht mal das Sterben leisten. Ich habe zwar nichts zu verlieren, aber viel zu gewinnen. Und das ist, was ich euch mitgeben will.

Euch, die ihr in meiner Situation seid, möchte ich Mut machen. Ich kenne das, die Stunden tiefster Verzweiflung, in denen ich mich gefragt habe: »Warum tue ich das? Ich gehe einfach nicht mehr arbeiten.« Stunden, in denen ich gehofft habe, dass bald der Erste des Monats kommt; Stunden, in denen ich gehofft habe, meinem Vater eine Kleinigkeit zu Weihnachten kaufen zu können; Stunden, in denen ich gehofft habe, dass ich die Kaution für die neue Wohnung zahlen kann, weil mir die alte wegen Eigenbedarf gekündigt wurde; Stunden, in denen ich gehofft habe, dass alles ein Ende hat.

Ich erwarte nicht viel. Ich brauche keine Diamanten, mir reicht Strass. Ich ersehne ein bisschen mehr Ruhe im Kopf, ein bisschen Freiheit. Ich würde mich gerne ins Auto setzen, an die Nordsee fahren und einfach die Füße im Meer baumeln lassen. Ich würde gerne mal wieder in die Sauna gehen und meine Freunde zum Essen einladen. Ich würde gerne mal wieder vollwertige Nahrungsmittel kaufen. Wenn etwas den Geist aufgibt, möchte ich Ersatz kaufen. Seit einiger Zeit habe ich zum Beispiel keinen Staubsauger, und einer für 30 Euro kommt mich am Ende zu teuer zu stehen, wenn er alle paar Monate kaputtgeht. Ich will doch nur profane Dinge. Und in der Rente genauso: Mein größter Wunsch wäre ein Knusperhäuschen mit Wiese. Mit zwei Gänsen, drei Hühnern und einer Ente, die nicht in den Topf kommt. Zwei Alpakas hätte ich auch gerne. Vielleicht schaffe ich es irgendwie, und wenn meine Rente nicht reicht, dann verkaufe ich die heiß begehrte Alpakawolle.

Warum erzähle ich das alles? Ich will sagen, es gibt Menschen, die das auch alles erleben. Die Träume und Gefühle haben. Alleinerziehende Väter, die von ihrem Kind gefragt werden, warum sie nichts essen. Weil es nicht für beide reicht. Mütter, die hart arbeiten und mit Mindestlohn abgespeist werden. Junge Menschen, die keine Perspektive haben. Senioren, die Kilometer für eine Pfandflasche zurücklegen. Seniorinnen, die wie aus dem Ei gepellt sind, weil sie nicht zeigen wollen, wie bedürftig sie sind. Es gibt Menschen, die Verantwortung für uns tragen, aber auch wir tragen welche. Auch wir müssen versuchen, dieses eine Leben, das wir haben, zu leben. Seid kämpferisch, seid sarkastisch, seid lustig, seid dankbar, auch wenn eure Bemühungen sich nicht auszahlen, es gibt immer irgendetwas, für das man dankbar sein kann. Schaut auch einmal nach oben, in den Himmel, wo Luft ist. Oder lasst meinetwegen euren Frust an diesem Buch aus. Aber holt euch Kraft, um Ungerechtigkeit nicht zu ignorieren. Kämpft für ein angemessenes Leben. Helft alle mit. Ihr Arbeitgeber, ihr Privilegierten, ihr Politiker, ihr Arbeiter, ihr Studenten, ihr Familien, ihr Bürger. Auch ihr werdet einmal alt sein. Appelliert mit mir an die Würde. Besonders an die Würde der Menschen, die es nicht allein tun oder tun können. Denn die Würde des Menschen ist unantastbar.

Dank

Ich danke meiner Familie, ohne euch hätte ich viele schlimme Situationen nicht meistern können. Danke für eure Unterstützung, ich liebe euch. Und ein großes Dankeschön an meine Freunde, ohne euch wäre das Leben nur halb so schön. Schön, dass es euch gibt! Zum Schluss danke ich dem riva Verlag für diese einmalige Chance und die Zusammenarbeit.

Nachweise

1   Vgl. NDR (2018): Rund 500 000 Rentner beziehen Grundsicherung. https://www.ndr.de/themenwoche/gerechtigkeit/Ueber-500000-Rentner-beziehen-Grundsicherungsleistungen,altersarmut268.html (20.05.2019)

2   Vgl. Institut der Deutschen Wirtschaft (ohne Datum): Rentenversicherung. https://www.iwkoeln.de/themen/finanz-und-sozialpolitik/rentenversicherung.html (20.05.2019)

3   Vgl. Die Linke (2018): Antwort des Bundesarbeitsministeriums auf eine Anfrage der Linken-Bundestagsfraktion. https://www.linksfraktion.de/themen/nachrichten/detail/jede-zweite-rente-unter-800-euro/ (20.05.2019)

4   Vgl. OECD-Studie (2019): Note on Germany. OECD Risks that Matter Survey. https://www.oecd.org/germany/Risks-That-Matter-2018-DEU-de.pdf (20.05.2019)

5   Vgl. Bundesministerium für Wirtschaft und Energie (2012): Altersarmut. Gutachten des Wissenschaftlichen Beirats beim Bundesministerium für Wirtschaft und Technologie, Berlin 2012, S. 7 f.

6   Vgl. Die Linke (2018): Antwort des Bundesarbeitsministeriums auf eine Anfrage der Linken-Bundestagsfraktion. https://www.linksfraktion.de/themen/nachrichten/detail/niedriglohn-jeder-fuenfte-in-vollzeit-betroffen/ (20.05.2019)

7   Vgl. Statistisches Bundesamt (ohne Datum): Armutsschwelle und Armutsgefährdung (monetäre Armut) in Deutschland. https://www.destatis.de/DE/Themen/Gesellschaft-Umwelt/Einkommen-Konsum-Lebensbedingungen/Lebensbedingungen-Armutsgefaehrdung/Tabellen/armutsschwelle-gefaehrdung-silc.html (20.05.2019)

8 Vgl. World Inequality Lab (2018): Bericht zur weltweiten Ungleichheit 2018. https://wir2018.wid.world/files/download/wir2018-summary-german.pdf (20.05.2019)

9 Vgl. SPD (2019): Die neue Grundrente. https://www.spd.de/aktuelles/grundrente/ (20.05.2019)

10 Vgl. Schäfer, Bodo: *Wohlstand oder Rente*, FinanzBuch Verlag, München 2016, S. 47

11 Vgl. WDR-Doku (2018): Arm trotz Arbeit. https://www.youtube.com/watch?v=uAKcDT8YZ0c (20.05.2019)

12 Vgl. Deutsche Rentenversicherung (2019): Die Grundsicherung: Hilfe für Rentner. https://www.deutsche-rentenversicherung.de, S. 4 f.

13 SPD (2019): Die neue Grundrente, a. a. O.

14 Vgl. ebd.

15 Vgl. Ottersbach, Niklas (2019): Wie viele Menschen profitieren von Grundrente ohne Bedürftigkeitsprüfung? MDR. https://www.mdr.de/nachrichten/politik/inland/faktencheck-grundrente-ohne-beduerftigkeitspruefing-100.html (20.05.2019)

16 Vgl. Reinecke, Stefan (2019): Wer profitiert am Ende? In: *taz*. http://www.taz.de/!5578112/ (20.05.2019)

17 SPD (2019): Die neue Grundrente, a. a. O.

18 Vgl. Nachrichtenagentur dts (2019): Grundrente kostet jährlich bis zu 12 Milliarden Euro. https://www.wallstreet-online.de/nachricht/11216958-oekonomen-grundrente-kostet-jaehrlich-12-milliarden-euro (20.05.2019)

19 Vgl. *Süddeutsche Zeitung* (2019): 25-Milliarden-Loch: Scholz-Ministerium schlägt Alarm. https://www.sueddeutsche.de/news/wirtschaft/finanzen-25-milliarden-lochscholz-ministerium-schlaegt-alarm-dpa.urn-newsml-dpa-com-20090101-190204-99-847826 (20.05.2019)

20 Sanches, Miguel (2019): Zwölf wichtige Fakten zur Grundrente für Geringverdiener. In: *Hamburger Abendblatt*. https://www.abendblatt.de/politik/article216359549/Zwoelf-wichtige-Fakten-zur-Grundrente-fuer-Geringverdiener.html (20.05.2019)

21 Vgl. Endres, Alexandra / Caspari, Lisa (2019): Was die Grundrente gegen Altersarmut bringt. In: *Die Zeit*. https://www.zeit.de/wirtschaft/2019-02/altersvorsorge-grundrente-altersarmut-absicherung-hubertus-heil (20.05.2019)

22 Vgl. ZDF-Politbarometer (2019): Klare Mehrheit für Grundrente. https://www.zdf.de/nachrichten/heute/zdf-politbarometer-klare-mehrheit-fuer-grundrente-100.html (20.05.2019)

23 YouTube (2019): Hart aber fair – Respekt für Rentner oder Wahlgeschenk: Was bringt die neue Grundrente? https://www.youtube.com/watch?v=8Npt9IWMZU4 (20.05.2019)

24 Vgl. ebd.

25 Vgl. MDR Aktuell (2018): Heil bringt Rentenpaket auf den Weg. https://www.mdr.de/nachrichten/politik/inland/heil-rentenpaket-100.html (20.05.2019)

26 Opoczynski, Michael: *Aussortiert und Abkassiert*, Gütersloher Verlagshaus, Gütersloh 2016, S. 16

27 Vgl. Demografieportal des Bundes und der Länder (2018): Immer mehr ältere Menschen in Deutschland. https://www.demografie-portal.de/SharedDocs/Informieren/DE/ZahlenFakten/Bevoelkerung_Altersstruktur.html (20.05.2019)

28 Vgl. Schreiner, Laurenz (2019): Die neuesten Fakten über Deutschlands Senioren. In: *Der Tagesspiegel*. https://www.tagesspiegel.de/gesellschaft/panorama/zahlen-zum-demografischen-wandel-die-neuesten-fakten-ueber-deutschlands-senioren/23204766.html (20.05.2019)

29 Vgl. Das Demografie Netzwerk (ohne Datum): Fakten. https://www.demographie-netzwerk.de/praxis/fakten/ (20.05.2019)

30 Vgl. Deutsche Rentenversicherung (2018): Rentenatlas 2018. https://www.deutsche-rentenversicherung.de/Allgemein/de/Inhalt/5_Services/03_broschueren_und_mehr/02_fachliteratur/rentenatlas_2018_download.pdf?__blob=publicationFile&v=3, S. 15. (20.05.2019)

31 Vgl. Schäfer, Bodo: *Rente oder Wohlstand*, a. a. O. S. 22

32 Vgl. Statistisches Bundesamt (2018): Lebenserwartung blieb 2015/2017
    nahezu unverändert. Pressemitteilung vom 18. Oktober 2018).
    http://www.hwwi.org/fileadmin/hwwi/Mediencenter/
    Pressemitteilungen/2015_Pressemitteilungen/2015-05-29-
    BDO/20150529_PM_IBC_Geburtenrate_HWWI.pdf (20.05.2019)

33 Deutsche Rentenversicherung (2018): Rentenatlas 2018. Online
    verfügbar unter: https://www.deutsche-rentenversicherung.de/Allgemein/
    de/Inhalt/5_Services/03_broschueren_und_mehr/02_fachliteratur/
    rentenatlas_2018_download.pdf?__blob=publicationFile&v=3, S. 22
    (20.05.2019)

34 Vgl. ebd.

35 Vgl. Schäfer, Bodo: *Rente oder Wohlstand*, a. a. O. S. 27

36 Vgl. Billig, Susanne / Geist, Petra (2014): Die Babyboomer und die
    demografische Forschung. https://www.deutschlandfunkkultur.de/
    jahrgang-1964-die-babyboomer-und-die-demografische-forschung.1088.
    de.html?dram:article_id=277820 (20.05.2014)

37 Vgl. Statista (2019): Anzahl der Geburten in Deutschland von 1991 bis
    2017. https://de.statista.com/statistik/daten/studie/235/umfrage/anzahl-
    der-geburten-seit-1993/ (20.05.2019)

38 Vgl. BDO International BusinessCompass (2015): Niedrigste Geburten-
    rate weltweit. Pressemitteilung vom 29. Mai 2015.
    http://www.hwwi.org/fileadmin/hwwi/Mediencenter/
    Pressemitteilungen/2015_Pressemitteilungen/2015-05-29-
    BDO/20150529_PM_IBC_Geburtenrate_HWWI.pdf (20.05.2019)

39 Vgl. *Focus* (2015): 2060 braucht Deutschland 1.039.000.000.000
    Euro für seine Alten. https://www.focus.de/finanzen/altersvorsorge/
    sozialsysteme-vor-dem-kollaps-2060-braucht-deutschland-1-017-000-
    000-000-euro-fuer-seine-alten_id_4679618.html (20.05.2019)

40 Vgl. Balodis, Holger / Hühne, Dagmar: *Die Vorsorgelüge*, Econ, Berlin
    2012, S. 62

41 Funk, Albert (2009): Alte wollen nicht nur Rentner sein. In: *Der
    Tagesspiegel*. https://www.tagesspiegel.de/politik/generationenkonflikt-
    alte-wollen-nicht-nur-rentner-sein/1575884.html (20.05.2019)

42   Vgl. Schreiner, Laurenz (2019): Die neuesten Fakten über Deutschlands Senioren. In: *Der Tagesspiegel.* https://www.tagesspiegel.de/gesellschaft/panorama/zahlen-zum-demografischen-wandel-die-neuesten-fakten-ueber-deutschlands-senioren/23204766.html (20.05.2019)

43   Bündnis für Rentenbeitragszahler und Rentner e.V. (2012): Wir können morgen nicht sagen, wir hätten heute nichts gewusst. https://www.myheimat.de/moormerland/politik/wir-koennen-morgen-nicht-sagen-wir-haetten-heute-nichts-gewusst-d2476399.html (20.05.2019)

44   Vgl. Balodis, Holger / Hühne, Dagmar: *Die Vorsorgelüge*, a. a. O. S. 66

45   Vgl. Schreiner Patrick (2017): Von wegen unbezahlbare Renten: Produktivität schlägt Demografie. Blickpunkt WiSo. http:/www.annotazioni.de/post/1935 (29.05.2019)

46   Schreiner, Patrick (2012): Rentenpolitik in Deutschland: Volkswirtschaftlich unsinnig, sozialpolitisch verheerend. https://www.blickpunkt-wiso.de/post/rentenpolitik-in-deutschland-volkswirtschaftlich-unsinnig-sozialpolitisch-verheerend-197.html (20.05.2019)

47   Kühnert, Kevin (2019): So gerät der Generationenvertrag in Gefahr. https://www.handelsblatt.com/meinung/kolumnen/expertenrat/kuehnert/expertenrat-kevin-kuehnert-so-geraet-der-generationenvertrag-in-gefahr/23953140.html?ticket=ST-2217681-nU0D3Twfad1WMnTWG7u6-ap2 (20.05.2019)

48   Vgl. World Inequality Lab (2018): Bericht zur weltweiten Ungleichheit 2018. https://wir2018.wid.world/files/download/wir2018-summary-german.pdf (20.05.2019)

49   Vgl. Felbermayr, Gabriel / Battisti, Michele / Lehwald, Sybille (2016): Einkommensungleichheit in Deutschland, Teil 1: Gibt es eine Trendumkehr? In: *ifo Schnelldienst*, 2016, 69, Nr. 13, S. 28–37

50   Vgl. Deutsches Institut für Wirtschaftsforschung (2018): Discussion PapersLooking for the Missing Rich: Tracing the Top Tail of the Wealth Distribution. https://www.diw.de/documents/publikationen/73/diw_01.c.575768.de/dp1717.pdf (20.05.2019)

51   Vgl. ZDF (2018): Fast jeder Fünfte von Armut bedroht. https://www.zdf.de/nachrichten/heute/fast-jeder-fuenfte-mensch-in-deutschland-von-armut-bedroht-100.html (02.06.2019)

52 Vgl. Der Paritätische Wohlfahrtsverband (2018): Armutsbericht 2018.
    Wer die Armen sind. https://www.armutskongress.de/armutsbericht/
    (20.05.2019)

53 Vgl. *Die Zeit* (2018): Fast jeder Fünfte in Deutschland ist von Armut
    bedroht. https://www.zeit.de/gesellschaft/zeitgeschehen/2018-10/
    statistisches-bundesamt-armut-soziale-ausgrenzung-deutschland
    (20.05.2019)

54 Vgl. Statistisches Bundesamt (2019): Gemeinschaftsstatistik über
    Einkommen und Lebensbedingungen (EU-SILC). www.destatis.de
    (20.05.2019)

55 Vgl. Geyer, Johannes (2017): Einige Gruppen sind von Altersarmut
    besonders betroffen. https://www.focus.de/finanzen/experten/diw/rente-
    einige-gruppen-sind-von-altersarmut-besonders-betroffen_id_7350621.
    html (20.05.2019)

56 Vgl. Niejahr, Elisabeth (2007): Altersarmut. In: *Die Zeit*.
    https://www.zeit.de/2007/36/Altersarmut (20.05.2019)

57 Vgl. ZDF: 37 Grad. Schuften bis zum Schluss. https://www.zdf.de/
    dokumentation/37-grad/schuften-bis-zum-schluss-arme-rentner-im-
    reichen-deutschland-100.html (20.05.2019)

58 Vgl. Gerstenberg, Ralph (2019): Der Wunsch nach einem gerechteren
    Deutschland. Deutschlandfunk Kultur.
    https://www.deutschlandfunkkultur.de/kluft-zwischen-arm-und-reich-der-
    wunsch-nach-einem.976.de.html?dram:article_id=440102 (20.05.2019)

59 Vgl. Fratzscher, Marcel (2017): Und die Ungleichheit hat doch
    zugenommen. https://www.zeit.de/wirtschaft/2017-09/soziale-
    gerechtigkeit-ungleichheit-bundestagswahlkampf-debatte-wissenschaft
    (20.05.2019)

60 Vgl. Geyer, Johannes (2017): Einige Gruppen sind von Altersarmut
    besonders betroffen. https://www.focus.de/finanzen/experten/diw/rente-
    einige-gruppen-sind-von-altersarmut-besonders-betroffen_id_7350621.
    html (20.05.2019)

61 Gerstenberg, Ralph (2019): Der Wunsch nach einem gerechteren
    Deutschland. Deutschlandfunk Kultur. https://www.deutschlandfunk-
    kultur.de/kluft-zwischen-arm-und-reich-der-wunsch-nach-einem.976.
    de.html?dram:article_id=440102 (20.05.2019)

62 Vgl. Becker, Andreas (2018): Ungleichheit – schlecht für die Wirtschaft? https://www.dw.com/de/ungleichheit-schlecht-f%C3%BCr-die-wirtschaft/a-43312737 (20.05.2019)

63 Ebd.

64 Pospiech, Jasmin (2018): Studie enthüllt, wie viel Gehalt uns wirklich glücklich macht – Ergebnis ist erstaunlich. https://www.merkur.de/leben/geld/studie-viel-gehalt-macht-wirklich-gluecklich-ergebnis-erstaunlich-zr-9750095.html (02.06.2019)

65 Vgl. Deutsches Institut für Wirtschaftsforschung (2017): Einkommens-schichten und Erwerbsformen seit 1995. https://www.diw.de/documents/publikationen/73/diw_01.c.560977.../17-27-1.pdf (20.05.2019)

66 Vgl. Collier, Paul: *Sozialer Kapitalismus*, Siedler Verlag: München 2018

67 Gerstenberg, Ralph (2019): Der Wunsch nach einem gerechteren Deutschland. Deutschlandfunk Kultur. https://www.deutschlandfunkkultur.de/kluft-zwischen-arm-und-reich-der-wunsch-nach-einem.976.de.html?dram:article_id=440102 (20.05.2019)

68 Vgl. Bundesministerium für Arbeit und Soziales (2017): Geschichte der Gesetzlichen Rentenversicherung. https://www.bmas.de/DE/Themen/Rente/Gesetzliche-Rentenversicherung/Geschichte-GUV/geschichte-der-gesetzlichen-rentenversicherung.html (20.05.2019)

69 Vgl. Ribhegge, Hermann: Der Einfluss von alternativen Konzeptionen von Alterssicherungssystemen auf Sicherungsniveau, Altersarmut und Einkommensverteilung: Ein Vergleich zwischen Deutschland und den USA. In: Richard Hauser: *Alternative Konzeptionen der sozialen Sicherung*. Duncker & Humblot, Berlin 1999

70 Deutsche Rentenversicherung (ohne Datum): Abschlag. https://www.deutsche-rentenversicherung.de/Allgemein/de/Inhalt/5_Services/01_kontakt_und_beratung/02_beratung/07_lexikon/A/abschlag.html (20.05.2019)

71 Vgl. Balodis, Holger / Hühne, Dagmar: *Die Vorsorgelüge*, a. a. O., S. 107 ff. und S. 145

72 Vgl. Reiner, Sabine (2016): Mythen und Fakten zur Rentenpolitik. Rosa Luxemburg Stiftung. https://www.rosalux.de/fileadmin/rls_uploads/pdfs/Argumente/lux_argu_7_Rentenpolitik.pdf, S. 2. (20.05.2019)

73 Bohsem, Guido, Öchsner, Thomas (2016): Den Rentnern geht es so gut wie nie. https://www.sueddeutsche.de/wirtschaft/montagsinterview-den-rentnern-geht-es-so-gut-wienie-1.3130047?reduced=true (20.05.2019)

74 Vgl. Gesellensetter, Catrin (2008): Die nächste Nullrunde kommt bestimmt. In: *Focus.* https://www.focus.de/finanzen/altersvorsorge/tid-9451/rentenerhoehung-geht-es-den-rentnern-wirklich-so-schlecht_aid_268377.html (20.05.2019)

75 Vgl. Bundesministerium für Arbeit und Soziales (2016): Alterssicherungsbericht 2016. https://www.bmas.de/SharedDocs/.../DE/.../alterssicherungsbericht-2016.pdf?, S. 15 (20.05.2019)

76 Vgl. Institut der deutschen Wirtschaft (2017): Ältere stehen besser da. Pressemitteilung vom 10. Mai 2017. https://www.iwkoeln.de/presse/pressemitteilungen/beitrag/lebensverhaeltnisse-aeltere-stehen-besser-da-339199.html (20.05.2019)

77 Vgl. Balodis, Holger / Hühne, Dagmar (2012): *Die Vorsorgelüge*, a. a. O., S. 70

78 Vgl. ebd., S. 23

79 Vgl. ebd., S. 183

80 Vgl. ebd., S. 20 f.

81 Vgl. ebd., S. 177

82 Vgl. ebd., S. 208

83 Vgl. ebd., S. 10 f.

84 Ebd., S. 214

85 Ebd., S. 216

86 Hasler, Stefanie / Antener, Jil (2018): Warum Populismus so erfolgreich ist. Eine Trilogie. In: *Neue Zürcher Zeitung.* https://www.nzz.ch/international/warum-populismus-so-erfolgreich-ist-eine-trilogie-ld.1396237 (20.05.2019)

87 Vgl. ARD/infratest dimap (2017): ARD-DeutschlandTREND September 2017 II / KW37. Eine Studie im Auftrag der Tagesthemen. https://www.tagesschau.de/inland/deutschlandtrend-925.pdf, S. 8 (20.05.2019)

88   *FAZ* (2015): Trumps verbale Ausfälle: »Sie bringen Drogen, sie bringen
      Kriminalität, sie sind Vergewaltiger«. https://www.faz.net/aktuell/
      politik/ausland/trumps-verbale-ausfaelle-sie-bringen-drogen-sie-bringen-
      kriminalitaet-sie-sind-vergewaltiger-13954286.html (20.05.2019)

89   Goebel, Thomas (2017): Pegida AfD Dresden 05.06.2017 Thomas
      Goebel AfD. YouTube. https://www.youtube.com/watch?v=HJbR2ZawW
      c4&feature=youtu.be&t=46s (20.05.2019)

90   Willner, Anja (2017): Flüchtlingspolitik nur Spitze des Eisbergs:
      Soziologe erklärt Grund für AfD-Erfolg. In: *Focus*. https://www.focus.
      de/politik/deutschland/bundestagswahl_2017/partei-drittstaerkste-kraft-
      fluechtlingspolitik-nur-spitze-des-eisbergs-soziologe-erklaert-grund-fuer-
      afd-erfolg_id_7632752.html (20.05.2019)

91   Vgl. ARD/infratest dimap (2017): ARD-DeutschlandTREND September
      2017 II / KW37. Eine Studie im Auftrag der Tagesthemen. https://www.
      tagesschau.de/inland/deutschlandtrend-925.pdf, S. 8 (20.05.2019)

92   Hasler, Stefanie / Antener, Jil (2018): Warum Populismus so erfolgreich
      ist, a. a. O., https://www.nzz.ch/international/warum-populismus-so-
      erfolgreich-ist-eine-trilogie-ld.1396237 (20.05.2019)

93   Vgl. Kolb, Matthias (2017): Sechs Grafiken, die den Erfolg der AfD
      erklären. https://www.sueddeutsche.de/politik/afd-bei-bundestagswahl-
      sechs-grafiken-die-den-erfolg-der-afd-erklaeren-1.3681714 (20.05.2019)

94   Ash Garton, Timothy (2017): Es gibt eine Ungleichheit der
      Aufmerksamkeit und des Respekts. In: *Süddeutsche Zeitung*. https://www.
      sueddeutsche.de/politik/bundestagswahl-eine-ursache-fuer-den-erfolg-der-
      afd-mangel-an-respekt-1.3687269 (20.05.2019)

95   Vgl. Bukow, Sebastian (2017): Bundestagswahl 2017 Ergebnisse
      und Analysen. https://www.boell.de/sites/default/files/boell-brief_
      bundestagswahl_2017.pdf, S. 17 (20.05.2019)

96   Vgl. Ash Garton, Timothy (2017): Es gibt eine Ungleichheit der
      Aufmerksamkeit und des Respekts, a. a. O. https://www.sueddeutsche.de/
      politik/bundestagswahl-eine-ursache-fuer-den-erfolg-der-afd-mangel-an-
      respekt-1.3687269 (20.05.2019)

97   Vgl. Fratzscher, Marcel (2017): Sozialer Sprengstoff. Eine Kolumne von
      Marcel Fratzscher. In: *Die Zeit*. https://www.zeit.de/wirtschaft/2017-09/
      ungleichheit-deutschland-bundestagswahl-afd-bundesregierung (20.05.2019)

98 Vgl. Bundesministerium für Arbeit und Soziales (2018): Armuts-
und Reichtumsbericht. Wahlbeteiligung nach Einkommen. https://
www.armuts-und-reichtumsbericht.de/DE/Indikatoren/Gesellschaft/
Wahlbeteiligung/G20-Indikator-Wahlbeteiligung.html;jsessionid=A4483
28BFD7D24C06D72AB7DFF1B21F5 (20.0.2019)

99 Vgl. ARD/infratest dimap (2017): Bundestagswahl 2017. Deutschland.
Wählerwanderungen. https://wahl.tagesschau.de/wahlen/2017-09-24-
BT-DE/analyse-wanderung.shtml#16_Wanderung_AFD (20.05.2019)

100 Nationale Armutskonferenz (2018): Armut stört. Schattenbericht der
Nationalen Armutskonferenz. https://www.nationale-armutskonferenz.
de/wp-content/uploads/2018/10/Schattenbericht-2018_2019.pdf, S. 40
(20.05.2019)

101 Vgl. Wirtschafts- und Sozialwissenschaftliches Institut (2018):
Alterseinkommen von Frauen und Männern. https://www.boeckler.de/
pdf/p_wsi_report_38_2017.pdf (20.05.2019)

102 Vgl. Nationale Armutskonferenz (2018): Armut stört.
Schattenbericht der Nationalen Armutskonferenz. https://www.
nationale-armutskonferenz.de/wp-content/uploads/2018/10/
Schattenbericht-2018_2019.pdf, S. 40 (20.05.2019)

103 Nationale Armutskonferenz (2017): Armut von Frauen in Deutschland
nicht länger hinnehmen. https://www.nationale-armutskonferenz.
de/2017/10/16/armut-von-frauen-in-deutschland-nicht-laenger-
hinnehmen/ (20.05.2019)

104 Herrnkind, Kerstin (2018): Wie Kinderlose zu Sündenböcken einer
falschen Politik gemacht werden. https://www.stern.de/politik/
deutschland/rentensystem--wie-kinderlose-zu-suendenboecken-einer-
falschen-politik-gemacht-werden-7351738.html (20.05.2019)

105 Vgl. Nationale Armutskonferenz (2018): Armut stört.
Schattenbericht der Nationalen Armutskonferenz. https://www.
nationale-armutskonferenz.de/wp-content/uploads/2018/10/
Schattenbericht-2018_2019.pdf, S. 40 (20.05.2019)

106 Niejahr, Elisabeth (2019): Der Abschied vom Äquivalenzprinzip. In:
WirtschaftsWoche. https://www.wiwo.de/politik/deutschland/spd-
sozialpolitik-der-abschied-vom-aequivalenzprinzip/23958584.html
(20.05.2019)

107 Vgl. Fratzscher, Marcel / Geyer, Johannes (2018): So lässt sich die Rente retten. In: *Süddeutsche Zeitung*, S. 18

108 Vgl. Dedring, Klaus-Heinrich (2010): Rückkehr zur lebensstandardsichernden und armutsfesten Rente, Expertise im Auftrag der Friedrich-Ebert-Stiftung, S. 19 ff.

109 Ebert, Thomas (2018): Die Zukunft des Generationenvertrags, Bonn, Bundeszentrale für politische Bildung: S. 17

110 Abdi-Herrle, Sasan / Greven, Ludwig (2016): Was die Rente rettet. In: *Die Zeit*. https://www.zeit.de/wirtschaft/2016-04/altersvorsorge-rente-reform-alternativen-rentensystem/komplettansicht?print (20.05.2019)

111 Vgl. Terfurth, Ann-Kathrin / Ziegler, Philip (2016): Wie lässt sich die Rente retten. In: *Die Zeit*. https://www.zeit.de/politik/2016-10/rente-altersvorsorge-selbststaendige-beamte-rentenbeitraege-lebensarbeitszeit (29.05.2019)

112 Vgl. Abdi-Herrle, Sasan / Greven, Ludwig (2016): Was die Rente rettet, a. a. O. https://www.zeit.de/wirtschaft/2016-04/altersvorsorge-rente-reform-alternativen-rentensystem (20.05.2019)

113 Vgl. Hagelüken, Alexander: *Lasst uns länger arbeiten*, Droemer Verlag, München 2019, S. 157 f.

114 Vgl. Müller, Albrecht / Lieb, Wolfgang: Nachdenken über Deutschland: Das kritische Jahrbuch 2014/2015, Westend Verlag, Frankfurt a.M. 2014, S.18 f.

115 Vgl. Bundesministerium für Wirtschaft und Energie (2019): Wirtschaftliche Entwicklung und Konjunktur. https://www.bmwi.de/Redaktion/DE/Dossier/wirtschaftliche-entwicklung.html (20.05.2019)

116 Vgl. Bundesfinanzministerium (2019): Die Steuereinnahmen des Bundes und der Länder im Haushaltsjahr 2018. https://www.bundesfinanzministerium.de/Monatsberichte/2019/01/Inhalte/Kapitel-3-Analysen/3-5-steuereinnahmen-haushaltsjahr-2018.html (20.05.2019)

117 Greive, Martin (2013): Warum der deutsche Staat genug Geld einnimmt. https://www.welt.de/politik/deutschland/article120706791/Warum-der-deutsche-Staat-genug-Geld-einnimmt.html(20.05.2019)

118 Vgl. Seibel, Karsten (2018): Hier werden Ihre Steuern besonders dreist verschwendet. In: *Die Welt.* https://www.welt.de/wirtschaft/article183345528/Schwarzbuch-Das-sind-die-absurdesten-Faelle-von-Steuerverschwendung.html (20.05.2019)

119 Vgl. Sumpf, Katrin (2017): Die Rentenkasse: Ein Schattenhaushalt, aus dem sich der Staat bedient, wenn er die Steuern nicht erhöhen will oder kann. Epoch Times. https://www.epochtimes.de/politik/deutschland/die-rente-ist-nicht-sicher-wie-versicherungsfremde-leistungen-der-rentenkasse-den-rest-geben-a2030412.html (20.05.2019)

120 Vgl. Orange by Handelsblatt (2018): Wie Norwegen seine Bürger reich spart. https://orange.handelsblatt.com/artikel/48608 (20.05.2019)

121 Vgl. Balodis, Holger / Hühne, Dagmar (2012): *Die Vorsorgelüge*, a. a. O., S. 224

122 Vgl. Fratzscher, Marcel / Geyer, Johannes (2018): So lässt sich die Rente retten. In: *Süddeutsche Zeitung*, S. 18

123 Vgl. Mdr aktuell (2018): Häufige Fragen zur Rente. https://www.mdr.de/nachrichten/politik/inland/rente-faq-100.html (20.05.2019)

124 Vgl. Hagelüken, Alexander: *Lasst uns länger arbeiten*, a. a. O., S. 168

125 Vgl. Balodis, Holger / Hühne, Dagmar: *Die Vorsorgelüge*, a. a. O., S. 218 f.

126 Vgl. Perspektive Wiedereinstieg (ohne Datum): Qualifizierte Frauen braucht der Arbeitsmarkt. https://www.perspektive-wiedereinstieg.de/Inhalte/DE/Unternehmen/Wettbewerbsfaktor_Wiedereinsteigerinnen/qualifizierte_frauen_braucht_der_arbeitsmarkt.html (20.05.2019)

127 Vgl. Fratzscher, Marcel (2018): Frauen können die Rente retten. https://berlinoeconomicus.diw.de/blog/2018/10/01/frauen-koennen-die-rente-retten/ (20.05.2019)

128 Vgl. Nienhaus, Lisa / Rudzio, Kolja (2018): Wer bezahlt die Rente? In: *Die Zeit*, Nr. 41

129 Vgl. Hagelüken, Alexander: *Lasst uns länger arbeiten*, a. a. O., S. 175

130 Bernau, Patrick (2011): Sieben Gründe, warum Arme früher sterben. https://www.faz.net/aktuell/wirtschaft/lebenserwartung-sieben-gruende-warum-arme-frueher-sterben-11567429.html (28.05.2019)